세종대왕이
4차 산업혁명을
만난다면

로봇 말싸미가 들려주는 신통방통 이야기

세종대왕이 4차 산업혁명을 만난다면

글 고수진 | 그림 김호랑

푸른나무

머리말

달라질 세상의 모습은
여러분의 손에 달려 있어요

정보를 빠르고 편리하게 주고받을 수 있는 기술을 정보통신기술(ICT)이라고 해요. 나라에 긴급한 일이 일어났을 때 옛날 사람들은 불을 피워서 소식을 알렸지만, 요즘은 인터넷을 통해 멀리 떨어진 사람과 실시간으로 소통하고 심지어 인공지능이나 사물들이 스스로 정보를 나누기도 해요. 이러한 정보통신기술의 발전으로 인하여 전 세계의 사회와 경제가 크게 달라지는 모습을 '4차 산업혁명'이라고 해요. 인공지능 로봇이 서빙을 하고, 가상현실에서 친구를 만나고, 가전 기기들이 스스로 작동하는 것들이 모두 4차 산업혁명으로 인한 변화이지요.

  4차 산업혁명 기술은 서로 융합하면서 발전 속도가 나날이 빨라지고 있어요. 그래서 시간이 지날수록 우리 삶에서 차지하는 비중도 커지고 있지요. 이렇게 4차 산업혁명이 현실로 성큼 다가오면서 사람들은 기대와 두려움을 느껴요. 앞으로 달라질 세상이 어떠한 모습일지 모르기 때문이에요. 그런데 이 말은 어떤 모습으로든 달라질 수 있다는 뜻이기도 해요. 누구를 위해서, 어떻게 사용하느냐에 따라 기술은 얼마든지 이롭게 쓰일 수도, 혹은 해롭게 쓰일 수도 있어요. 그러므로 4차 산업혁명 기술을 평등하게 누릴 수 있는 세상은 여러분의 손에 달려 있답니다.

이 책은 세종대왕의 고민으로 시작해요. 세종대왕은 누구보다도 백성을 사랑한 왕이었어요. 그래서 어려움에 처해 있는 백성들을 볼 때마다 어떻게 하면 그들의 삶이 더 나아질 수 있을지 숱한 고민을 하였지요. 그럴 때마다 인공지능 로봇 말싸미가 나타나서 4차 산업혁명 기술로 고민을 해결해 주어요. 그런데 어떻게 4차 산업혁명 기술로 세종대왕의 고민을 해결할 수 있었냐고요? 그것은 과거 세종대왕의 고민과 현재 우리의 고민이 크게 다르지 않기 때문이에요. 어떻게 하면 지금의 어려움을 이겨 내고 우리 모두가 함께 잘 살 수 있을까에 대한 고민은 예나 지금이나 똑같답니다. 그래서 새롭게 등장하는 기술들이 이런 고민을 해결하는 데 바르게 쓰이기를 바라며 사람들의 삶이 어떻게 나아갈 수 있는지를 이 책에 담았어요. 과연 세종대왕의 고민이 제대로 해결될 수 있을지 세종대왕과 말싸미가 들려주는 이야기에 귀를 기울여 들어 볼까요?

차례

머리말 달라질 세상의 모습은 여러분의 손에 달려 있어요 … 4

1장 한양에 불이 나다! … 8
  드론 해례본 : 어디든 날아갈 수 있어요

2장 성균관 유생의 건강 주의보 … 24
  사물인터넷 해례본 : 사람과 사물이 소통해요

3장 집현전 학자들은 바쁘다 바빠 … 42
  클라우드 해례본 : 필요할 때마다 꺼내 보아요

4장 농사직설을 널리 널리 퍼뜨려라 … 56
  가상현실 해례본 : 가상과 현실이 만나면……?

5장 백성들도 법을 알아야 한다 … 72
  인공지능 해례본 : 생각하는 기계가 등장했어요

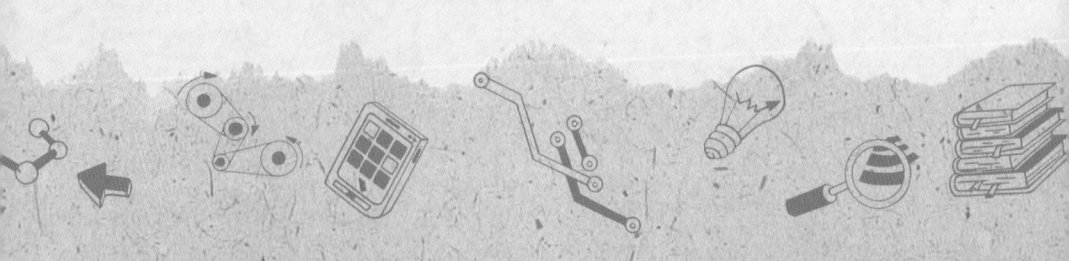

6장 행성을 쌓아서 여진을 막아라 … 88
3D 프린터 해례본 : 무엇이든 출력해요

7장 의창의 거래 장부를 조작하다 … 104
블록체인 해례본 : 거래 내역을 안전하게 저장해요

8장 명통사 맹인들의 소원은? … 120
자율주행 자동차 해례본 : 스스로 움직여요

맺음말 4차 산업혁명으로 더 나은 세상을 만들어요 … 136

1장
한양에 불이 나다!

세종은 오랜만에 잠행(임금이 비밀리에 궁 밖에 나가는 일)에 나섰다. 왕의 신분은 숨긴 채 운종가(조선 시대, 서울의 거리 가운데 지금의 종로 네거리를 중심으로 한 곳)를 거닐며 백성들이 사는 모습을 살펴보았다.

여기저기를 기웃거리던 세종이 비단 가게를 지나 막 오른쪽으로 꺾으려는 찰나, 갑자기 튀어나온 한 아이가 세종과 부딪혀서 뒤로 발라당 넘어졌다. 아이는 운종가 근처에 사는 웅이였다. 놀란 세종이 얼른 손을 뻗어 일으키는데, 웅이의 얼굴은 온통 땀과 눈물로 젖어 있었다.

"얘야, 무슨 일로 이렇게 우는 것이냐?"

"저희 집에 불이 났다고 해서……."

웅이는 말도 제대로 잇지 못하고는 다시 뛰어갔다. 세종은 '불'이라는 소리에 깜짝 놀랐다. 그래서 웅이를 쫓아가려는데 함께 잠행을 나온 상선(왕의 가장 가까운 곳에서 왕을 보좌하는 내시)이 얼른 세종을 막아섰다.

"전하, 위험하옵니다. 어서 궁으로 돌아가시옵소서."

"불이 났다는 소리를 듣고 어찌 그냥 가겠느냐? 멀리서 지켜보기만 할 것이니 염려 말거라."

세종의 고집을 누가 꺾을 수 있으랴. 상선은 세종을 말리는 것을 포기하고는 세종과 함께 웅이를 쫓아갔다.

그렇게 한참을 달리던 웅이가 멈추어 섰다. 세종도 웅이를 따라 멈춘 채 고개를 들었다. 눈앞에 시커먼 연기가 타오르고 있었다. 웅이의 집에서 나는 연기였다.

뒤늦게 종루에서 금화군이 울리는 종소리가 들렸다. 3년 전 한양에서 큰 불이 난 이후 화재를 감시하기 위해 만들어진 금화군은 불이 붙을 대로 붙어서 연기가 높이 치솟을 때쯤에야 종을 치며 화재 사실을 알렸다.

그때였다. 별안간 웅이가 집 안으로 뛰어 들어가려고 했고, 세종은 얼른 웅이를 붙잡았다. 그러자 웅이는 세종의 품에서 빠져나오려고 발버둥을 치며 울부짖었다.

"집에 동생이 있어요. 놔주세요. 들어가야 해요."

"그러다 너까지 위험해져. 아마 네 동생도 무사히 빠져나왔을 게다. 그러니 나와 함께 주변을 찾아보자꾸나."

하지만 웅이는 동생을 찾아야 한다는 말만 반복할 뿐이었다. 그때 잔뜩 겁을 먹은 얼굴을 한 예닐곱 살의 여자아이가 다가오더니 웅이의 옷깃을 잡아당겼다. 웅이의 동생이었다. 아이는 불이 나자마자 집에서 나와 사람들 틈에 섞여 있었다. 동생이 무사한 것을 확인한 웅이는 그만 다리가 풀려 주저앉았다.

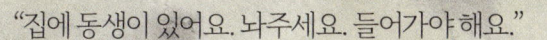

그사이 바람을 타고 골목 안쪽까지 불길이 거세게 번졌다. 불길은 지붕을 타고 다니며 맹렬하게 솟구치다가 여러 집을 차례로 무너뜨렸다. 그리고 그제야 금화군이 도착했다. 종루에서 불을 발견하자마자 금화군은 숨이 턱까지 찰 정도로 달려왔다. 하지만 무너진 집들 때문에 골목마다 길이 막혀서 빨리 올 수가 없었다. 그렇게 겨우 현장에 도착한 그들은 잠시 숨 돌릴 틈도 없이 뜨거운 불구덩이 속을 헤매며 진화 작업을 했다.

어느덧 해가 저물어 주변이 캄캄해졌다. 가까스로 불을 진압한 금화군은 기진맥진한 상태로 그 자리에 널브러져 있었다. 하루 새 집을 잃은 마을 사람들 역시 망연자실 주저앉아 있었다. 그 모습을 우두커니 지켜보던 세종의 얼굴빛은 점점 어두워져 갔고, 상선이 세종에게 물었다.

"전하, 마음이 많이 무거우시옵니까?"

"후……."

세종은 무거운 한숨으로 대답을 대신한 채 혼자 깊은 생각에 잠겼.

'불이 난 사실을 조금 더 빨리 알았더라면, 그리고 현장 상황을 제대로 파악할 수 있었더라면 불길이 더 번지기 전에 빠르게 잡을 수 있었을 텐데……. 앞으로도 화재가 날 때마다 이렇게 속수무책으로 당해야 한단 말인가? 이를 어찌하면 좋을꼬.'

세종의 방(榜)

한양에서 큰 화재가 발생한 이후

화재 예방과 진압을 위해 금화군을 만들었지만

이번에도 화재로 큰 피해를 입고 말았다.

지금보다도 신속하고 안전하게 불길을 진압할 방안을

마련해 오는 자에게 큰 상을 내리겠다.

미래에서 보낸 말싸미의 상소문

전하, 화재가 일어났을 때 피해를 줄일 수 있는 방법을 제가 알고 있사옵니다. 혹시 '드론'에 대해 들어 보셨는지요? 드론은 '벌들이 윙윙대는 소리'라는 뜻으로, 조종사가 땅에서 움직임을 조종하여 비행하는 무인 항공기의 일종이옵니다.

화재 현장에서 불을 끄는 데 사용하는 드론을 '소방 드론'이라고 부르옵니다. 소방 드론은 평소에 하늘을 날아다니며 어디서 불이 나지 않았는지 감시하다가 화재 상황이 감지되거나 화재 신고가 들어왔을 때 그 누구보다도 신속하게 현장으로 날아갈 것이옵니다. 사고 현장에 도착한 소방 드론은 화재 규모와 불이 시작된 장소, 불길의 방향, 가까운 도로나 건물 등의 정보를 빠르게 영상으로 담아서 금화군에 보내 줄 것이니 화재를 빠르게 진압할 수 있사옵니다.

또한 소방 드론은 산사태, 홍수, 지진 등의 재난으로 인해 고립되거나 실종된 사람도 찾을 수 있고, 구호 물품을 전달할 수도 있사오니 조선의 안전을 위하여 두루두루 쓰일 수 있사옵니다. 더 자세한 내용에 대해서는 드론 해례본을 함께 올려 드리오니 살펴 주시옵소서!

드론 해례본

어디든 날아갈 수 있어요

드론의 시작이 풍선이라고요?

　최초로 무인 항공을 시도한 사람들은 오스트리아군이었어요. 1849년 이탈리아와 전쟁 중이던 오스트리아군은 풍선에 폭탄을 매달아서 베네치아로 날려 보냈지요. 조금 황당한 이야기로 들리죠? '바밍 바이 발로(Bombing by Ballo)'라고 불리는 이 풍선 폭탄은 수십 년의 연구 끝에 완성된 첫 무인 폭격기였어요. 하지만 정확한 시간에 맞추어서 폭탄을 떨어뜨리는 기술이 부족했고, 바람의 방향이 바뀌면 엉뚱한 곳으로 날아가는 경우가 많아서 제대로 활용하지는 못했어요. 심지어 어떤 풍선 폭탄은 바

이런, 적을 향해 보낸 폭탄이 다시 되돌아오다니……! 이 풍선 폭탄은 본격적인 드론이라고 보기는 힘들겠군. 그렇다면 본격적으로 드론이 개발된 것은 언제부터이지?

람을 따라 오스트리아로 되돌아오기도 했대요.

　본격적인 드론 개발은 1914년에 벌어진 1차 세계대전부터였어요. 적을 정찰하거나 공격하기 위해 만들었는데, 한 번 날려 보낸 드론은 다시 돌아오는 기능이 없어서 일회용으로 사용할 수밖에 없었어요. 그러다가 1930년대 영국에서 최초로 왕복 가능한 무인 항공기인 퀸 비(Queen Bee)를 만들어서 군사훈련에 사용했어요. 이처럼 처음에는 군사 분야에서 활용할 목적으로 개발되었지만 최근에는 배송, 재난, 촬영, 오락 등 다양한 분야에서 폭넓게 사용되고 있어요.

드론의 날개는 몇 개인가요?

　날개가 고정되어 있는지 회전하는지에 따라 드론은 '고정 날개 드론'과 '회전 날개 드론'으로 구분되어요. 비행기 모양과 비슷한 고정 날개 드론은 연료를 적게 쓰고 오래 날 수 있지만, 하늘에 뜨기 위해서는 활주로가 필요하고 한자리에 정지한 채로 떠 있지 못해요.

　반면 헬리콥터 모양의 회전 날개 드론은 활주로가 없어도 뜰 수 있고 정지 비행도 가능하지만, 연료를 많이 쓰고 비행시간이 짧다는 단점이 있어요. 회전 날개 드론은 날개가 많아서 '멀티콥터'라고 부르기도 하는데, 날개의 개수에 따라 트라이콥터(3개), 쿼드콥터(4개), 헥사콥터(6개), 옥토콥터(8개)로 구분해요. 이 중 가장 안정적으로 방향을 조절할 수 있는 쿼드콥터는 우리 주변에서도 쉽게 볼 수 있어요.

 트라이콥터를 제외한 나머지 멀티콥터의 날개 수는 죄다 짝수로구나. 날개가 서로 균형을 맞추려면 홀수보다는 짝수가 안정감이 들 테지.

고정 날개 드론   트라이콥터
쿼드콥터   헥사콥터   옥토콥터

출동! 골든 타임을 지켜라!

활활 타오르는 불길 사이를 누비며 소방 드론이 영상을 찍어요. 소방 드론이 실시간으로 보내 주는 영상을 통해 구조대는 화재 상황을 파악하여 골든 타임을 확보해요. 불이 번지는 방향과 속도는 어떤지, 구조대는 어떻게 진입하면 되는지, 구조를 기다리는 사람은 없는지와 같은 정보를 받아서 신속하게 대응하지요. 특히 산불이 많이 나는 봄철에는 열화상 카메라를 단 드론이 작은 불씨까지 감시하며 산불 지킴이 역할을 톡톡히 해낸답니다.

 소방 드론이 구조대의 눈을 대신하는구나!

또 소방 드론은 구조대의 손과 발이 되어서 불을 끄기도 해요. 구조대가 접근하기 어려운 곳에 드론이 소화탄을 떨어뜨려 불길을 진압하지요. 이제 화재 예방과 진압을 위해 소방 드론을 활용하는 일은 필수가 되었어요.

더 보기

실시간으로 드론이 영상을 보내는 기술을 FPV(First Person View)라고 합니다. 드론에는 카메라와 송신기가 장착되어 있는데, 송신기를 통해 수신기로 보내 주는 영상을 우리는 모니터로 확인할 수 있답니다.

똑똑! 주문하신 물건이 도착했습니다!

영국 케임브리지에 사는 리처드는 쇼핑몰 '아마존'에서 팝콘을 주문했어요. 이윽고 팝콘은 단 13분 만에 리처드의 집에 도착했어요. 배송 기사는 바로 드론이었어요. 사람이 드론을 조종한 것이 아니라 드론 스스로 날아 상품을 배달한 것이었지요. 3년 동안 연구한 끝에 아마존이 드디어 드론 배송에 성공한 날이었어요.

▶ 아마존에서 개발한 배송 드론은 최대 2.3kg의 무게까지 들어 올릴 수 있으며, 30분 안에 24km 가까이를 날 수 있어요.

드론 배송으로 내가 있는 곳 어디에서나 물건을 받을 수 있어요. 누군가가 다쳤을 때 신속하게 의료 용품을 받을 수도 있고, 우편배달부가 가기 힘든 섬에서도 쉽게 우편을 받을 수 있어요.

하지만 안전을 위해서는 영상, 열화상, 초음파 센서 등 주변을 감지하는 기술이 지금보다 더욱 발전해야 해요. 그래야 서로 부딪치지 않고 고층 빌

딩이나 전선을 잘 피해 다니며 안전하게 배송을 할 수 있어요.

 그렇다면 지금 내가 사는 조선이야말로 드론 배송에 최적의 장소로구나. 높은 건물이나 전선 같은 것은 찾으려야 찾을 수 없으니…….

바다를 누비는 폐기물 상어가 있다고요?

한반도의 일곱 배나 되는 쓰레기 섬이 북태평양을 둥둥 떠다니고 있어요. 사람들이 버리는 온갖 쓰레기들이 바다로 흘러 들어가 이런 거대한 섬을 이루게 된 거예요. 게다가 사람들이 바다 쓰레기들을 직접 수거하기가 어렵다 보니 해양오염은 점점 심각해지고 있어요.

그래서 남아프리카의 기업가 리처드는 바다의 청소부, 웨이스트 샤크(Waste Shark)를 개발했어요. 바다 위를 누비면서 쓰레기를 수거하는 드론인 웨이스트 샤크는 바닥 면과 윗면이 네모 모양의 판으로 막혀 있고, 가운데가 뚫려 있어서 바다의 쓰레기가 가운데를 통과하면서 걸러져요. 한 번에 500kg까지 수거가 가능하다고 해요. 그렇지만 버리는 양에 비해 수거하는 양이 아주 적기 때문에

 더 보기

웨이스트 샤크는 수질과 수심 체크, 해상의 기상관측, 날씨와 파도 등의 데이터를 실시간으로 전송하기도 해요.
(사진: RanMarine Techonology)

쓰레기를 줄이는 일에 노력을 멈춰서는 안 되겠지요?

한 번 더 살펴 주시옵소서

드론을 사용하기 전에 반드시 주의해야 할 것이 있사옵니다. 열린 창문 사이로 보이는 사람들의 모습을 드론 카메라로 몰래 촬영하는 일은 범죄이오니 절대로 일어나지 않도록 해야 하옵니다. 또한 드론에 폭탄을 장착하는 등 테러에 악용될 수도 있으니 사람들의 인식 개선 및 강력한 제도가 먼저 뒷받침되어야 할 것이옵니다.

2장
성균관 유생의 건강 주의보

성균관에서 과거 시험을 치르는 날이었다. 나라의 인재를 뽑는 날이니만큼 세종도 몸소 행차하였다. 시험이 끝난 뒤 유생들은 모두 초조한 표정으로 결과를 기다렸다. 이를 지켜보던 세종도 덩달아 긴장되었다.

"쿨럭, 쿨럭!"

그때 갑자기 한 유생이 정적을 깨트리며 연신 기침을 내뱉었다. 유생은 손바닥으로 터져 나오는 기침을 애써 막았지만, 기침 소리는 더욱 심해졌다. 그러다 그는 철퍼덕 소리와 함께 고꾸라졌다.

다들 당황하여 어쩔 줄 몰라 하고 있을 때, 세종이 벌떡 일어나 소리쳤다.

"당장 의원을 부르고, 유생을 편히 눕히도록 하라!"

그제야 다른 이들이 쓰러진 유생을 업어다가 기숙사 방에 눕히고는 의원을 부르러 갔다.

이윽고 의원이 도착했다. 한 식경(밥을 먹는 동안에 걸리는 20~30분 정도의 시간)이 지나서 진료를 마친 의원은 세종에게 불리어 갔다.

"쓰러진 유생은 좀 어떠한가?"

세종의 목소리에는 걱정이 가득이었다.

"가벼운 고뿔(감기)인 줄 알고 대수롭게 않게 여긴 모양이온데, 살펴보니 이미 폐까지 병이 번진 상태이옵니다."

"어허, 건강을 돌보지 않고 무리하게 공부만 하다가 병을 키운 모양이군."

"그렇사옵니다. 집으로 돌아가 치료를 받도록 해야 할 것이옵니다. 진작 의원을 찾았으면 금방 나았을 병인데, 딱하게도 치료가 길어질 듯하옵

니다."

잠시 안타까운 기색을 내보이던 세종은 의원에게 말했다.

"실은 내가 부탁할 게 있어서 기다리고 있었네. 다른 유생들의 건강 상태도 한번 살펴 주면 좋겠네."

눈앞에서 유생이 쓰러지는 모습을 본 세종은 다른 유생의 건강도 걱정되었던 것이다.

모든 유생의 진맥을 짚어 본 의원은 몸이 성한 유생보다 성치 않은 유생이 더 많다고 말했다. 그도 그럴 것이 아침에 눈뜰 때부터 저녁에 잠들 때까지 공부를 해야 하는 일과가 과거 시험을 준비하는 내내 계속되었으니 몸이 버티질 못하고 탈이 나는 것이 당연했다. 게다가 100명이 넘는 사람들이 함께 생활하면서 환경이 불편해도 참고 넘어가야 하는 경우도 많았을 터였다.

"공부하는 것이 아무리 급하더라도 건강관리에 소홀해서는 아니 될 것이다."

염려스러운 마음에 세종이 유생들에게 잔소리를 했다. 그러자 상선이 슬그머니 고개를 들어 세종을 쳐다보았다. 세종에게 할 말이 많은 눈빛이었다. 세종 역시 과중한 나랏일을 처리하느라 자신의 건강은 늘 뒷전이다 보니 상선의 잔소리를 듣는 것이 일상이었다.

"흠흠, 그만 좀 보시게. 얼굴 뚫어지겠네."

상선의 따가운 눈총에 세종은 괜히 타박을 놓았다.

며칠 뒤, 대사성(성균관의 책임을 맡은 직책)이 서찰 한 장을 세종에게 올렸다. 과거 시험 도중 쓰러진 유생이 쓴 서찰이었다. 거기에는 과거 시험

때 소란을 피운 것을 사죄하는 내용과 함께 평소 건강을 챙길 여유가 없는 성균관 유생들이 병을 예방할 수 있는 방법을 마련해 달라는 부탁이 적혀 있었다.

"유생의 말이 맞소. 병이라는 것이 물론 치료도 중요하지만 평소 건강 관리로 예방하는 것이 더 중요하고말고."

세종이 서찰을 반으로 접으며 대사성에게 말했다.

"맞는 말씀이옵니다. 그러니 전하께서도 평소 건강을 잘 관리하셔야 하옵니다. 요즘 들어 더욱 무리를 하신다고 들었사온데, 안정적으로 나라를 이끌기 위해서는 전하의 건강을 챙기는 것이 가장 중요하옵니다."

대사성의 말에 세종은 조용히 고개를 저었다.

"내 걱정은 고맙소. 하지만 건강은 누구에게나 중요하지 않겠소? 임금뿐만 아니라 모든 백성에게도 말이오. 게다가 나는 어의가 가까이에 있지만, 백성들은 그렇지 않다오. 쉽게 건강 상태를 확인할 수 있는 방법이 있다면 병으로 인한 백성들의 고통을 줄일 수 있을 것이오."

세종의 방(榜)

과거 시험을 준비하느라 바쁜 성균관 유생들이

가벼운 병을 무시하다가 큰 병으로 커져서야 의원을 찾고 있다.

그러나 건강은 한 번 잃으면 되찾기가 힘든 법.

스스로 건강을 잘 챙길 수 있는 방법을

아는 사람이 있다면 의견을 내주길 바란다.

미래에서 보낸 말싸미의 상소문

건강은 평소에 관리하는 것이 중요하옵니다. 하지만 증상이 뚜렷이 드러나지 않은 이상 평소 자신의 건강에 신경을 쓰지 않는 사람들이 대부분이옵니다. 성균관 유생들도 마찬가지인 듯하옵니다. 그래서 성균관 유생들이 평소 건강을 관리할 수 있도록 사물인터넷을 활용해 보는 것이 어떠한지 의견을 올리옵니다.

사물인터넷은 사물에 센서와 통신 장치를 달아서 사물끼리 정보를 주고받을 수 있는 기술이옵니다. 만약 성균관 유생들에게 사물인터넷 기술이 들어간 스마트 팔찌를 차고 다니게 한다면 평상시의 운동량과 수면 상태, 체온과 심박수 등을 실시간으로 확인해 조금이라도 이상이 생기면 즉시 알람을 울려서 치료를 받을 수 있도록 도와줄 것이옵니다.

특히 유생들은 종일 꼿꼿한 자세로 앉아 공부하기 때문에 허리와 무릎에 통증을 느끼는 경우가 많사옵니다. 그럴 때 사물인터넷 센서가 달린 옷을 입는다면 유생들의 근육 상태를 파악한 뒤 모니터를 통해 몸에 맞는 동작을 보여 줄 것이옵니다. 그 동작에 맞춰 유생들이 운동을 하면 긴장된 근육이 풀려서 몸이 한결 부드러워지고 통증도 줄어들 것이옵니다.

이렇게 사물인터넷을 이용하여 몸의 이상을 스스로 확인할 수 있으니 건강을 지키는 데 큰 도움이 되지 않겠사옵니까?

사물인터넷 해례본

사람과 사물이 소통해요

사물들이 대화를 해요

로봇 청소기는 스마트폰과 연결되어 집 밖에서 원격으로 조종할 수 있고, 인공지능 스피커는 위험을 감지하면 스스로 119에 신고를 해요. 변기는 나의 똥을 체크해서 건강 상태를 알려 주고, 신발은 GPS와 연결되어 길을 잃지 않게 도와줍니다.

이렇게 세상 모든 사물에 센서와 통신 장치를 달아서 필요한 정보를 모으고, 서로에게 신호를 보내면서 사람들을 편리하게 하는 기술을 사물인터넷(IoT=Internet of Things)이라고 해요.

 사물들이 서로 신호를 주고받는 것이 꼭 대화를 하는 모습처럼 보이는구나.

원격으로 사물의 전원을 켜고 끄는 기능을 주로 맡았던 사물인터넷이

인공지능과 만나면서 더욱 똑똑해지고 있어요. 이를 '지능형 사물인터넷'이라고 부르는데, 지능형 사물인터넷은 누군가의 조종 없이도 스스로 움직입니다. 운전자 없이도 스스로 목적지까지 이동하는 자율주행 자동차나 배달 드론에도 지능형 사물인터넷 기술이 적용되었답니다.

사물인터넷이 가진 대화의 기술

무더운 여름밤에 더위로 몸을 뒤척이고 있어요. 그때 나의 체온을 감지한 침대가 '체온이 높아지고 있어.'라고 말하며 에어컨에게 신호를 보내 줘요. 그러면 에어컨은 나에게 가장 쾌적한 온도를 찾아서 맞춰 주지요. 이렇게 사물들이 정보를 주고받을 수 있는 이유는 각 사물들이 가진 통신 기능 덕분이에요.

 사물들은 어떻게 해서 신호를 정확하게 전달하는 걸까?

사물은 자신만의 IP 주소를 가지고 있어요. 건물마다 주소가 정해져 있는 것처럼 사물도 고유의

 더 보기

※ 사물인터넷이 이용하는 통신기술
• 이동통신: 이동하면서 정보를 주고받을 수 있는 기술이에요. 더욱 빠른 통신을 위해 LTE, 5G, 6G 등 새로운 방식이 계속해서 등장하고 있어요.
• 와이파이: 무선 접속 장치가 설치된 곳을 중심으로 일정 거리 안에서 무선 인터넷을 사용할 수 있어요.
• 블루투스: 10m 이내의 짧은 거리에서 휴대폰, 노트북, 이어폰 등의 기기가 통신을 직접 주고받아요.

- NFC : 5~10cm의 짧은 거리에서 사용 가능해요. 스마트폰에 NFC 기술이 들어가 있으면 신용카드, 교통카드, 신분증을 대신할 수 있어요.
- 지웨이브 : 낮은 전력으로 정보를 전송할 때 쓰이는 가장 최적의 기술로, 주로 스마트 홈서비스에 적용하고 있어요.

IP 주소가 있어야 서로 헷갈리지 않고 통신을 주고받을 수 있거든요. IP 주소는 12자리의 숫자로 이루어져 있는데, 43억 개의 주소를 만들 수 있어요. 43억 개라고 하니 아주 많은 수 같지만, 인터넷에 연결할 사물의 수가 늘어나면서 이 주소도 점점 부족해지고 있어요. 그래서 32자리의 IP 주소인 IPv6가 등장하게 되었지요. 대부분의 사물이 아직 IP 주소를 사용하지만, 점차 IPv6의 새로운 주소를 받아서 사용하게 될 거예요.

입을 수 있는 사물인터넷

안경이나 옷처럼 우리 몸에 착용할 수 있는 사물인터넷을 '웨어러블 기기'라고 해요. 이미 많은 사람들이 사용하고 있는 스마트 시계는 스마트폰과 연결하여 전화나 문자를 주고받고, 알람과 날씨를 확인해요. 그리고 길 안내를 하는 스마트 신발도 있어요. 스마트폰 어플에 목적지를 입력하면 스마트 신발에 내장된 GPS가 현재 위치를 인식해서 오른쪽, 왼쪽 등의 방향을 진동으로 알려 주어요. 혼자 운동하는 사람들을 위한 스마트 요가복은 섬유 속 센서가 근육의 움직임을 감지해서 잘못된 자세를 취할 때마다 진동으로 알려 주지요.

늘 몸에 지녀야 하기에 웨어러블 기기는 부드럽고 가벼울수록 좋아요. 그리고 겉으로 보기에도 자연스러워야 해요. 그래야 누구나 거부감 없이 착용할 수 있으니까요.

※ 현재의 웨어러블 기기는 액세서리형과 의류형이 많아요. 하지만 앞으로는 몸에 스티커처럼 붙이는 신체 부착형, 센서나 칩을 몸 안에 이식하는 생체 이식형도 나오게 될 거예요.

액세서리형	의류형	신체 부착형	생체 이식형
밴드, 안경, 반지, 시계	신발, 운동복, 셔츠	전자 문신	콘택트렌즈, 마이크로칩 임플란트

화장실에서 건강을 체크해요

조선 시대 임금의 건강관리법이 '똥'이라는 사실을 알고 있나요? 임금의 똥을 '매화'라고 하는데, 궁궐의 의원은 임금의 건강 상태를 확인하기 위해 매화를 관찰했어요.

 매화를 이야기할 줄이야……. 아주 민망하군, 허허허.

우리 역시 비데처럼 생긴 사물인터넷을 변기에 설치해 똥으로 건강 상

태를 확인할 수 있어요. 이를 스마트 변기라고 하는데, 스마트 변기에 달린 센서와 고속 카메라, 인공지능 기술을 활용해 배변의 횟수, 모양, 색깔 등으로 여러 질병을 진단할 수 있지요.

이와 같이 건강을 관리하는 사물인터넷이 등장하게 된 이유는 병의 치료법만큼 예방법에 대한 관심이 커졌기 때문이에요. 그래서 스마트 변기뿐만 아니라 스마트 밴드, 체중계, 칫솔 같은 사물에도 인터넷을 연결해서 체온, 심장박동, 호흡, 체중, 치아 상태 등을 체크하고 병의 위험을 미리 알려 주는 사물인터넷 기기들이 개발되고 있어요.

농부의 수고는 줄어들고 수확은 늘어나요

농작물이 쑥쑥 자라기 위해서는 온도, 습도, 햇빛, 토양의 상태가 균형을 이루어야 해요. 그래서 농부는 종일 농장에 머물면서 수분과 영양은 충분한지, 날씨는 괜찮은지 등을 늘 신경 써서 살피지요.

하지만 스마트팜 기술로 토마토를 키우는 네덜란드의 프리바 기업에서는 종일 농장에 머무르지 않아요. 사물인터넷 시스템을 이용해서 농사를 짓

스마트팜 기술을 이용해 토마토의 상태를 살피는 농부

기 때문이에요. 프리바 온실 곳곳에 있는, 물과 영양소를 공급하는 파이프와 환기 시스템 같은 온실 장치들이 수시로 토마토의 상태를 확인하고 신호를 주고받으면서 최적의 환경으로 조절해 주어요.

이렇게 각종 센서와 통신기술, 인공지능의 도움으로 농사를 짓는 스마트팜 기술 덕분에 농부들의 수고는 줄어들고, 농작물의 수확량은 늘릴 수 있답니다.

 더 보기

농업계의 '스티브 잡스'라고 불리는 이정훈 서울대 교수는 식물 줄기에 머리카락만큼 가느다란 칩을 꽂아서 식물의 영양과 수분의 상태를 실시간으로 점검하는 기술을 세계 최초로 개발했어요.

세상에서 가장 작은 사물인터넷

먼지처럼 아주 작은 사물인터넷도 있어요. 그래서 이름도 '스마트 더스트(smart dust)'입니다. 공중에 뿌려진 스마트 더스트는 둥둥 떠다니며 주변의 정보를 모아서 필요한 곳으로 전달해요. 실제 크기는 1~2mm 정도로 매우 작지만, 그 작은 몸체에 센서와 무선통신 장치, 태양전지까지 탑재되어 있지요.

스마트 더스트는 적군이 숨어 있을 만한 장소에 뿌려 놓고, 그들의 은밀한 움직임을 파악하기 위해 만들어졌다고 해요. 하지만 지금은 산불이나 홍수 같은 자연재해를 막을 목적으로 사용되고 있어요.

재해가 자주 발생하는 지역에 스마트 더스트를 뿌리고 그곳의 움직임을 실시간으로 파악하여 큰 피해를 예방하지요.

우리나라 속담에 이런 말이 있지. 작은 고추가 맵다고. 먼지처럼 작은 녀석이 정말 대견한걸.

한 번 더 살펴 주시옵소서

모든 사물이 서로 연결되어 있다는 것은 모든 사물이 한꺼번에 해킹을 당할 수도 있다는 말과 같사옵니다. 만약 스마트팜 시스템이 해킹된다면 온실의 농작물이 한꺼번에 해를 입을 수도 있고, 웨어러블 기기가 해킹된다면 아무에게도 알리고 싶지 않은 개인적인 신체 정보가 넘겨질 수도 있사옵니다. 그러므로 보안에 만전을 기해 주시옵소서.

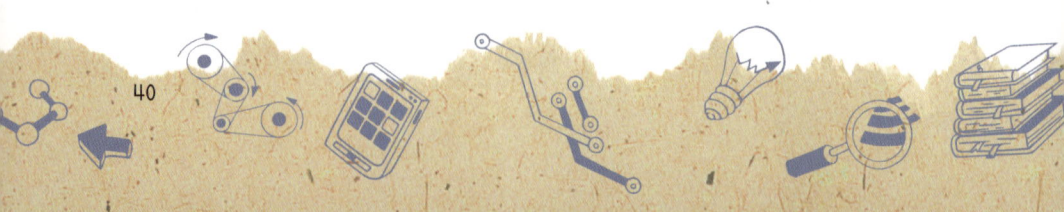

3장

집현전 학자들은 바쁘다 바빠

세종은 집현전으로 향했다. '공정하게 세금을 거둘 방안을 마련하라.'고 명을 내린 후, 벌써 몇 주째 새로운 세금 제도 연구에 매달리고 있는 집현전 학자들을 격려하러 가는 길이었다.

집현전에 거의 도착한 세종은 급한 몸짓으로 걸어오는 누군가를 발견했다. 그는 집현전 학자 정인지였다. 세종은 걸음을 멈추고는 정인지를 불러 세웠다.

"어딜 그렇게 급하게 가고 있나?"

전날 밤에도 집현전에서 꼴딱 밤을 샜는지 정인지는 눈 밑이 퀭하게 꺼져 있었다.

"집에 가는 중에 마무리 짓지 못한 일이 떠올라서 집현전으로 되돌아가는 중이었사옵니다."

집현전 학자들은 궁궐 밖에 있다가도 일이 생기면 매번 집현전으로 쫓아가기 바빴다. 연구에 필요한 책과 자료를 그곳에 가야 볼 수 있기 때문이었다. 그래서 새로운 일을 맡게 된 학자들은 그 일이 마무리될 때까지 웬만하면 집현전을 벗어나지 못했다.

세종과 정인지는 나란히 집현전에 도착했다. 정인지는 집현전에 들어서자마자 곧바로 일을 시작했고, 세종은 집현전 학자들과 이야기를 나누었다. 그런데 갑자기 정인지가 자리에서 벌떡 일어서더니 집현전의 여기저기를 뒤지기 시작했다. 세종이 무엇을 찾느냐고 묻자 정인지는 지금 당장 보아야 하는 책들이 보이지 않는다고 답했다. 오늘 새벽까지도 분명 보았던 책들이 감쪽같이 사라졌다고 했다. 명나라에서 가져온 터라 다시 구하기도 힘든 귀한 책들이었다.

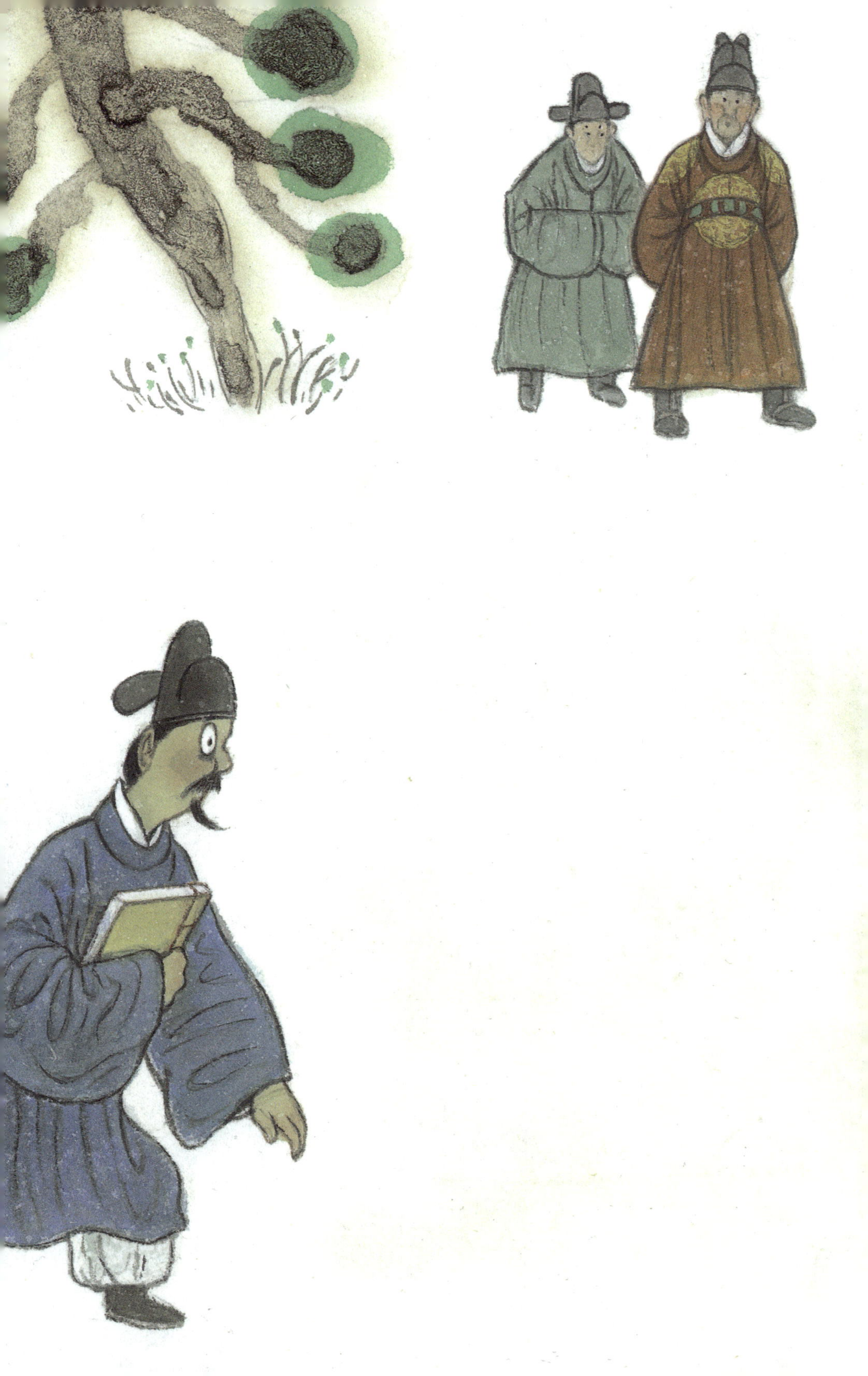

"여기 쌓아 둔 책을 본 사람이 아무도 없소?"

정인지가 애타게 물었지만, 모두가 고개만 절레절레 저었다.

'할 일이 태산인데 책을 찾느라 이렇게 시간을 허비하다니…….'

정인지는 울고 싶은 심정이었다.

그런 정인지를 물끄러미 바라보던 세종은 문득 집현전 학자 박서생을 떠올리고는 급하게 정인지를 불렀다.

"혹시 박서생이 가지고 간 것이 아닐까 싶네."

"그것이 무슨 말씀이옵니까?"

"아까 자네와 만나기 전에 박서생을 먼저 만났는데 양 손가득히 책을 들고 있더군."

그러고 보니 지난밤에 정인지는 박서생과 함께 그 책들을 보며 일했다. 그러므로 어쩌면 박서생이 그 책들을 가져갔을지도 모를 일이었다.

집현전에서는 같은 책과 자료를 여러 명이 동시에 찾는 경우가 종종 있었다. 그럴 때에는 한 명이 다 읽을 때까지 다른 사람이 기다리거나, 먼저 읽던 사람이더라도 더 급한 사람에게 양보를 하는 방법밖에는 없었다.

세종은 허둥지둥 집현전을 나서는 정인지의 모습을 쳐다보았다. 그러고는 고개를 돌려서 좋은 정책을 만들기 위해 애쓰고 있는 집현전 학자들의 모습도 바라보았다. 세종은 그들이 더 나은 환경에서 연구하도록 돕고 싶었다. 그것이 곧 백성을 위하는 길이기도 하니 말이다.

집현전 밖을 나오니 하늘에는 두둥실 구름이 떠다니고 있었다.

'저 구름처럼 집현전의 책도 두둥실 떠다니다가 언제든 손에 잡힐 수 있다며 얼마나 좋을까?'

세종의 방(榜)

백성을 이롭게 하는 정책을 만들기 위해
집현전 학자들은 불철주야 애쓰고 있다.
그러나 필요한 책과 자료가 모두 집현전에 있다 보니
시간과 노력이 낭비되는 경우가 많다.
그러니 필요한 자료를 어디서나 쉽고 편하게 꺼내 볼 수 있는
방법을 아는 사람은 의견을 주길 바란다.

미래에서 보낸 말싸미의 상소문

집현전 학자들이 남긴 기록과 책을 한곳에 넣어 두고 어디서든 꺼내 볼 수 있는 방법이 있사옵니다. 바로 '클라우드'이옵니다. 지금까지는 사람이 직접 자료가 있는 곳으로 가야 했지만, 클라우드는 사람이 있는 곳으로 자료를 불러올 수 있사옵니다. 중앙 서버에 모든 자료를 저장한 뒤, 중앙 서버와 연결된 각종 기기를 통해 자유롭게 꺼내 볼 수 있는 시스템이옵니다.

클라우드를 이용하면 집현전 학자 역시 장소와 시간에 구애받지 않고 연구를 할 수 있사옵니다. 여러 명이 동시에 같은 자료를 보는 것도 가능하니 다른 누군가가 그 자료를 보고 있다고 하더라도 애타게 찾아다니지 않아도 되옵니다. 또한 많은 양의 자료를 저장할 수 있으므로 집현전의 책이 늘어난다고 해서 새로 공간을 늘릴 필요도 없고, 학자들 역시 무거운 자료를 일일이 가지고 다닐 필요가 없사옵니다. 이렇듯 클라우드를 잘 이용한다면 집현전 학자들이 시간과 노력을 아껴서 더 좋은 정책을 연구하는 데 도움이 될 것이옵니다.

클라우드 해례본

필요할 때마다 꺼내 보아요

클라우드 서버에 자료를 저장해요

하늘에 수많은 구름이 두둥실 떠다니듯이 클라우드 서버에는 내가 저장한 자료가 두둥실 떠다니고 있어요. 클라우드 서버에 저장된 자료는 컴퓨터나 스마트폰을 이용해서 언제 어디서든 간편하게 꺼내 볼 수 있습니다. 그리고 많은 양의 자료도 저장할 수 있기에 저장 장치를 새로 추가할 필요도 없답니다.

온갖 책과 자료들로 집현전이 발 디딜 틈도 없이 복잡하였지. 하지만 클라우드를 이용하면 집현전 공간도 널찍하게 쓸 수 있겠어.

USB에 저장하는 것과 무엇이 다른가요?

USB나 외장하드 같은 저장 장치 역시 어디서나 쉽게 자료를 꺼내 볼 수 있다는 장점이 있어요. 하지만 항상 가지고 다녀야 한다는 번거로움이 있고, 잃어버릴 위험도 있지요. 그러나 클라우드는 서버에 접속할 때 사용할 비밀번호만 알면 별다른 준비물이 필요 없답니다.

또한 컴퓨터뿐만 아니라 스마트폰, 태블릿 등 다양한 기기들 역시 자유롭게 클라우드에 접속할 수 있어요. 그래서 컴퓨터로 보던 사진을 스마트폰으로도 볼 수 있답니다. 그 많은 사진을 스마트폰으로 옮기거나 USB를 연결할 필요가 없어요.

유튜브 영상이 저장되는 곳은 어디인가요?

유튜브에는 왜 이리 재밌는 영상들이 많을까요? 전 세계에서 끊임없이 올라오는 영상을 보다 보면 시간이 가는 줄 모를 때가 한두 번이 아닙니다.

이렇게 유튜브에 업로드 되는 영상은 구글의 클라우드 서버에 저장되어 있어요. 이 클라우드 서버는 서버에 접속할 수 있게 돕는 네트워크 장비들과 함께 데이터센터에 안전하게 보관하고 있지요. 구글뿐 아니라 네이버, 아마존 등 클라우드 서비스를 제공하는 기업 모두가 이러한 데이터센터를 가지고 있답니다. 전 세계 사람들의 중요한 정보들이

자료를 보관하는 데이터센터

이곳에 저장되어 있기 때문에 최적의 온도와 습도, 완벽한 보안, 전력 공급 등 철저한 관리가 이루어지고 있어요.

클라우드는 우리 가까이에 있어요

대용량의 자료 저장이 가능하고 쉽게 공유할 수 있는 클라우드의 필요성이 점점 커지면서 이제는 클라우드를 이용하지 않는 곳을 찾기 어려울 정도예요. 동네마다 있는 작은 도서관들 역시 클라우드를 이용해서 책을 관리해요.

전에는 수천 권의 책을 기록하고 관리하는 일을 도서관마다 별도로 해야 해서 늘 일손이 부족했어요. 이용자들 역시 필요한 책을 찾으려면 도서관 홈페이지에 일일이 접속해서 검색해야 하는 번거로움이 있었어요.

그러다 도서관에 클라우드를 도입하면서 반가운 변화가 생겼어요. 클라우드를 기반으로 한 통합 도서관 서비스가 개발되면서 도서 정보를 일일이 입력하는 방식에서 벗어나 클라우드 서버에 저장된 도서 정보를 받아서 그대로 쓸 수 있게 되었거든요. 그래서 빌리고 싶은 책이 어떤 도서관에 있는지 한 번의 검색으로 바로 알 수 있게 되었답니다.

와우! 책을 좋아하는 나에게 도서관은 천국이지, 천국이고말고! 클라우드를 이용하면 내가 원하는 책을 쉽게 찾을 수 있겠어.

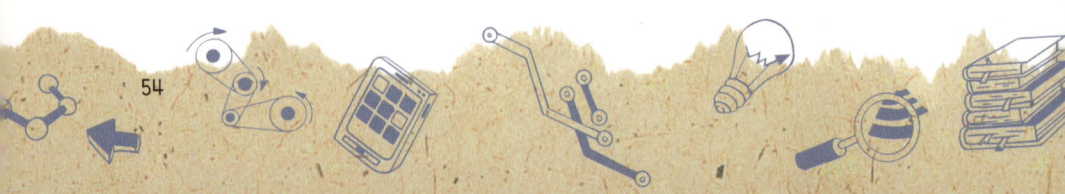

따르릉, 오늘의 기분은 어떤가요?

따르릉 따르릉.

AI 복지사로부터 전화가 왔어요. 독거노인인 할머니가 전화를 받으면 '오늘의 기분은 어떤가요?', '오늘 음식은 어땠나요?'와 같은 AI 복지사의 질문이 시작됩니다. 그러면 AI 복지사와 할머니의 대화가 자동으로 클라우드에 저장되어요. 이후 클라우드에 저장된 대화를 듣던 사회복지사가 우울증 증세 등 어떠한 문제점을 발견하면 할머니를 찾아가서 도움을 드리지요.

사회복지사가 부족한 지역은 한 번 방문한 집에 다시 방문하기까지 몇 개월에서 1년이 걸리기도 해요. 그렇게 되면 사회복지사가 방문하지 못하는 동안 제대로 보살핌을 받지 못하는 '돌봄 공백'이 생길 수가 있어요. 이럴 때 AI 복지사와의 대화 내용을 저장해 두고 도움이 필요한지 아닌지를 확인할 수 있는 클라우드 기술이 큰 도움이 되고 있지요.

 혼자 사시는 어르신들에게 AI 복지사가 큰 도움이 되겠군. 그런데 아무리 기술이 발달하더라도 마음을 나누는 일까지 인간을 대신할 수는 없지 않을까?

4장

농사직설을 널리 널리 퍼뜨려라

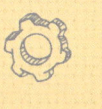

'글을 모르는 백성들에게 일일이 농사직설을 나눠 주며 읽으라고 할 수도 없고······.'

세종은 고민이 많았다.

『농사직설』은 세종의 명을 받고 정초와 변효문이 우리나라 땅과 기후에 맞는 농사법을 정리한 책이다. 그전까지는 중국의 농사법을 따랐지만, 두 나라의 땅과 기후가 서로 다르다 보니 맞지 않을 때가 많았다. 그래서 세종은 『농사직설』이 완성되자마자 직접 밭을 일구며 그 효과를 실험했다. 결과는 대성공이었다. 첫 수확부터 풍작이었다. 하지만 글을 모르는 백성들에게 『농사직설』의 농사법을 어떻게 가르칠지가 문제였다. 또 글을 안다고 해도 농사를 글공부하듯이 책으로 배우라는 것은 무리가 따르는 일이었다.

'관아에 책을 보내서 고을 수령들이 하나하나 가르치도록 하는 수밖에 없겠구나.'

세종은 전국의 수령들에게 포고령(어떤 내용을 널리 알리는 법령이나 명령)을 내렸다.

『농사직설』은 백성들을 배부르게 할 책이니,
백성들에게 성의껏 가르쳐서 『농사직설』의 농사법을 모르는
백성이 없도록 하라.

세종이 보낸 『농사직설』이 두레 마을에도 도착했다. 수확을 늘리는 방법을 알려 준다기에 앞집 똘이네, 옆집 가실이네 할 거 없이 모두가 관아 마당으로 모였다. 마을 사람이 모두 모이자 수령은 『농사직설』을 펼쳐 들고 목청을 높여 설명하기 시작했다.

"방금 수령이 머라고 한겨? 이앙법이 뭐 어떻다고?"

"못자리에서 모를 키운 다음에 본 논으로 옮겨 심으라는데?"

"못자리가 뭐여? 어떻게 생긴 자리여?"

"나도 처음 듣는 소린데, 낸들 알겠어?"

수령은 땀까지 삐질삐질 흘려 가며 『농사직설』을 열심히 전달했지만, 마을 사람들은 슬슬 지쳐만 갔다. 그저 책에 있는 내용을 줄줄 읊어 대는데 머릿속에 제대로 들어올 리도 없고, 도무지 이해가 되지 않았다. 백성들의 반응이 신통치 않다는 소식을 접한 세종은 실망했다.

'아무래도 백성들의 상황을 내 눈으로 직접 봐야겠구나.'

세종은 평범한 양반 차림을 한 채 궁궐 밖으로 나갔다. 조금 걷다 보니 한숨을 푹푹 쉬며 논두렁에 앉아 있는 젊은 농부의 모습이 보였다. 그리고 젊은 농부의 뒤편으로 시들시들한 벼의 모습도 보였다.

"한창 파릇파릇 자라야 할 벼가 왜 이리 시들어 보이는가?"

젊은 농부는 세종을 힐끗 쳐다본 뒤 힘없이 대꾸했다.

"올해 처음으로 벼농사를 지어 볼까 해서 농사직설을 보고 그대로 따라 했는데, 이리 되었습니다."

그 말에 깜짝 놀란 세종이 다시 물었다.

"아니 그게 무슨 말인가? 농사직설에 적힌 농사법이 잘못되기라도 했단 말인가?"

"그것이 아닙니다. 책에는 볍씨를 뿌리는 방법, 거름을 주는 방법, 농기구를 다루는 방법 등이 모두 자세히 설명되어 있었습니다."

"그런데 도대체 왜……?"

"다 제가 경험이 부족한 탓이지요. 책에 볍씨를 골고루 뿌리라고 되어 있어서 그렇게 했는데 저리 시들한 걸 보니 아무래도 너무 촘촘하게 뿌린 모양입니다."

논에 볍씨를 뿌리는 일이 보기에는 쉬워 보여도 초보자에게는 어려운 일이었다. 너무 촘촘해도 안 되고, 너무 멀어도 안 되고, 너무 깊어도 안 되고, 너무 얕아도 안 되니 능숙한 농부들만이 할 수 있는 일이었다. 농사라는 것이 말이나 글로 공부하는 것보다 몸으로 겪음이 중요하다 보니 아무리 설명을 듣더라도 직접 지어 보지 않은 이상 제대로 해내기는 힘들었다.

"농사직설의 농사법이 아무리 좋다한들 경험도 없는 저 같은 사람이 무턱대고 시작했다가 한 해 농사를 망치게 생겼습니다."

묵묵히 젊은 농부의 넋두리를 듣던 세종의 표정은 점점 굳어 갔다.

'품종 좋은 씨를 골라 심고, 물과 영양을 제때 주고, 익었을 때를 기다려 거두는 것까지 농사직설에 모두 적혀 있는데 이 좋은 농사법을 제대로 써먹질 못하는구나. 농사법을 눈앞에서 생생하게 보여 줄 수 있다면 얼마나 좋을까? 직접 씨도 뿌리고 쟁기질도 하면서 몸소 짓는 시늉까지 할 수 있다면 농사직설에 적힌 농사법은 물론이고 적히지 않은 농사법까지도 스스로 터득할 수 있을 텐데……. 책만 완성하면 백성들에게 도움이 될 줄 알았더니 산 넘어 산이로구나.'

> **세종의 방(榜)**
>
> 농사직설에 아무리 훌륭한 농사법이 담겨 있다고 한들
> 백성들에게 전해지지 않으면 아무 소용이 없다.
> 풍성한 수확을 해서 배불리 먹을 수 있도록
> 새로운 농사법을 몸으로 배우고 익힐 수 있는 방법이 있으면
> 상소문을 올리길 바란다.

미래에서 보낸 말싸미의 상소문

농사직설의 농사법을 이론으로만 배운다면 실제 농사를 지을 때 활용하기가 어려울 것이옵니다. 일 년의 농사 과정을 어찌 한 번에 익힐 수 있겠사옵니까? 그래서 가상현실을 소개해 드리려고 하옵니다. 가상현실은 가상의 세계가 실제처럼 내 앞에 펼쳐 보이는 기술이옵니다. 안경처럼 생긴 기계를 눈에 갖다 대면 지금 서 있는 곳이 바로 논과 밭으로 변할 것이옵니다. 그리하여 우리는 가상의 논과 밭에서 농사직설의 농사법을 생생하게 익힐 수 있사옵니다.

가상현실 안에서는 농사를 지을 때 필요한 씨앗과 농기구가 무제한으로 제공되옵니다. 아무리 사용해도 사라지거나 닳지 않사옵니다. 그래서 손에 익지 않는 기술은 몇 번이나 반복해서 시도해 볼 수 있고, 여러 작물을 마음껏 심어 볼 수도 있사옵니다. 또한 수확할 때까지 몇 달을 기다릴 필요 없이 단 몇 분이면 자라는 과정을 살펴볼 수 있사옵니다. 가상현실을 통해 훨씬 빠르고 쉽게 새로운 농사법을 배울 수 있고, 이론만으로는 얻을 수 없는 지식까지도 터득하게 될 것이옵니다.

가상현실 해례본

가상과
현실이 만나면……?

상상의 세계로 입장하셨습니다

헤드셋을 쓰는 순간 눈앞에 새로운 세계가 펼쳐지고, 원하는 캐릭터로 변신할 수 있다면 어떨까요? 그곳에서 나는 지구를 구하는 영웅도 되고, 우주 여행자도 될 수 있다면요? 상상만 해도 참 신이 나겠지요. 가상현실을 통하면 그 어떤 상상의 세계로도 입장할 수 있답니다.

'가상현실(VR=Virtual Reality)'은 컴퓨터로 만든 가상 이미지를 마치 실제인 것처럼 느끼고 경험하게 하는 기술이에요. 한 번 경험했다고 해서 사라지는 것이 아니기 때문에 무한 반복 체험도 가능해요.

 한마디로 가상현실이란 가짜 세계를 진짜 세계처럼 경험하도록 돕는 기술이로군.

가상현실의 3가지 조건

① 가상 이미지

'도대체 여기가 진짜야, 가짜야?'라고 헷갈릴 정도로 현실감이 느껴지는 가상의 이미지가 필요해요.

② 상호작용

내가 하는 행동이 가상현실에 실시간으로 반영되어야 진짜처럼 느낄 수 있어요. 이때 중요한 것은 반응속도예요. 힘차게 던진 공이 한참이 지난 후에야 뜬다면 가상현실 속의 공놀이가 그다지 실감 나지 않을 거예요.

▶ 가상현실 속에서 신나는 게임을 즐겨요.

③ 몰입감

공룡이 살던 시대에서 프로토케라톱스와 신나게 숨바꼭질을 하고 있는데 어디선가 영어 단어 외우는 소리가 들린다면 몰입이 와장창 깨져 버리겠죠? 가상 세계와 현실 세계가 차단될수록 몰입감을 더욱 높일 수 있어요.

작은 화면으로 만나는 거대한 세계

가상현실을 불러오려면 HMD(Head Mounted Display) 안경이나 헬멧이 필요해요. HMD는 TV

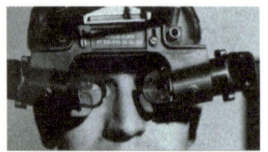

▶ 왕좌의 천장에 매달린 칼을 그리스 신화에서는 '다모클레스의 검'이라고 불렀어요. 이반 서덜랜드가 개발한 HMD 역시 천장에 매달아 사용했기 때문에 동일한 별명이 붙게 되었어요.
(사진: www.lucas-studios.com)

화면이나 영화관의 대형 스크린과 비교하면 아주 작은 크기지만, 바로 눈앞에서 영상이 보이기 때문에 마치 화면 속에 들어가 있는 것만 같은 생생한 느낌을 준답니다.

세계 최초의 HMD는 1968년 컴퓨터 과학자인 이반 서덜랜드가 만든 '다모클레스의 검'이에요. 이 거대한 헬멧을 쓰고 앞을 보면 네모난 도형이 둥둥 떠다니는 것이 보여요. 머리를 도리도리 움직이면 이 네모난 도형도 머리의 방향을 따라서 함께 움직이지요. 이 기술을 '헤드 트래킹(머리의 방향을 따라 추적하는 기술)'이라고 불러요. 최초의 헤드 트래킹 기술을 통해 이반 서덜랜드는 가상현실의 가능성을 보여 주었지요. 최근의 HMD는 헤드 트래킹에 대한 반응속도가 빨라지고, 시선의 움직임뿐 아니라 소리의 움직임까지 포착하면서 몰입감을 점점 높여 주고 있답니다.

생생하게 배울 수 있어요

가상으로 꾸민 화재 현장에서 불을 끄고 대피하는 한 번의 체험이 백 번의 설명보다 훨씬 도움이 되어요. 거기에 햅틱 기술(힘, 진동, 바람 등으로

촉각을 느끼게 하는 기술)이 적용된 소화기를 활용한다면 더욱 실감 나게 체험할 수 있지요.

　가상현실은 여러 번 반복할 수 있다는 장점이 있어요. 그래서 소화기로 불을 끄는 과정을 손에 익을 때까지 몇 번씩 시도해 볼 수 있답니다. 그러다가 도움이 필요한 상황이 생기면 가상의 소방관을 불러내어 도움을 요청할 수도 있어요. 가상현실에서는 가상의 도우미가 늘 대기하고 있거든요. 이렇게 생생하고 안전한 가상현실에서 체험을 통해 안전 교육을 받는다면 실제로 불이 나더라도 당황하지 않고 침착하게 잘 대처할 수 있을 거예요.

글이나 영상으로 배우던 것을 가상현실에서 직접 체험하고 만져 보며 생동감 있게 배울 수 있겠구나.

가상현실과 증강현실은 어떻게 다를까요?

　가상현실과 증강현실은 가상의 세계를 눈앞에 펼쳐 보인다는 공통점이 있어요. 하지만 가상현실은 눈에 보이는 모든 것이 가상으로 이루어진 세계라면, 증강현실은 현실 세계 위에 가상 이미지가 더해진 세계예요.

증강현실은 진짜와 가짜를 섞어서 새로운 세계를 보여 주는 거로군.

증강현실로 별 구경하기

증강현실 카메라로 밤하늘을 비춰 보아요. 카메라 모니터에 밤하늘의 반짝이는 별들이 선명한 선으로 이어지면서 쌍둥이자리, 황소자리, 사수자리 같은 별자리들이 나타나요. 밤하늘이라는 현실 세계에 가상의 별자리 이미지가 더해지면서 밤하늘의 별을 더욱 생동감 있게 관측할 수 있지요.

가상현실로 별 구경하기

HMD를 쓰고 전용 의자에 앉아요. 마치 우주선을 타고 우주를 둥둥 여행하는 것 같이 느껴질 거예요. 주변을 둘러보면 행성과 별들이 가득하지요. 방 안에서도 실감 나는 우주여행을 할 수 있어요.

또 하나의 세상, 메타버스

메타버스(Metaverse)는 가상, 초월을 뜻하는 '메타(Meta)'와 우주, 세계를 뜻하는 '유니버스(Universe)'의 합성어로 현실과 이어진 가상 세계를 의미해요. 나를 대신할 아바타가 가상공간에서 친구를 사귀고, 콘서트를 즐기고, 쇼핑을 하고, 심지어 학교를 다닐 수도 있지요.

메타버스는 이미 우리 일상 가까이에 있어요. 미국의 조 바이든 대통령은 후보 시절 온라인 게임 안에서 홍보물을 뿌리며 선거운동을 펼치기도 했고, 우리나라의 순천향대학교에서는 신입생이 아바타로 참석하는 입학식을 치르기도 했어요. 이렇듯 메타버스는 단순히 온라인 속에서만

존재하는 세계가 아니라 현실 세계와 가상 세계가 서로 영향을 주고받는 또 하나의 새로운 세상이라고 할 수 있어요.

한 번 더 살펴 주시옵소서

가상현실에 너무 몰입하다 보면 현실과 가상을 구분하지 못하는 상황이 생길 수도 있사옵니다. 아바타를 진짜 자신의 모습이라고 착각해서 실제 삶에 소홀해질 수도 있고, 높은 곳에서 뛰어내리거나 생명을 함부로 다루는 등 자칫 위험한 행동을 할 수도 있사옵니다. 이 점을 깊이 유념해서 올바른 대책을 마련해야 될 것이옵니다.

5장
백성들도 법을 알아야 한다

한동안 조용하던 신문고(조선 시대, 백성이 억울한 일을 하소연할 때 치던 북)가 도성 안에 울려 퍼졌다. 세종은 북을 두드린 자를 궁으로 불렀다. 곧 주름이 깊게 팬 노파가 조심스럽게 걸어 들어와 억울한 사연을 털어놓았다.

그녀의 이름은 부가이였다. 노비 신분이던 부가이와 그녀의 딸은 속량(돈이나 곡식을 주고 평민이 되는 제도)을 통해 평민이 되었지만, 옛 주인인 이씨 부인이 부가이 모녀를 다시 노비로 삼으려고 억지를 부리다가 부가이의 딸을 매질해서 죽였다고 하였다.

"딸의 장례를 치르자마자 이씨 부인을 고소하려고 관아로 쫓아갔습니다. 그런데 조선의 법에 따르면 노비는 주인을 고소할 수 없다면서 관아에 발도 못 디디게 하옵니다. 사람을 죽였는데 고소조차 못한다니요? 게다가 저는 이제 노비도 아닌데……."

부가이는 '노비가 주인을 고소할 수 없는' 법에 대하여 자세히 알고 싶어 했지만, 속 시원히 설명해 주는 이는 아무도 없었다고 말했다. 그리하여 부가이는 큰 용기를 내 신문고를 두드리게 되었다.

부가이를 돌려보낸 세종은 형조(법률과 소송에 관한 일을 맡아보던 관청)에 있는 관리를 불러서 물었다.

"법전에는 어떻게 적혀 있느냐?"

관리는 두 권의 법전을 펼쳐서 세종에게 보여 주었다.

"이 법전에는 과거에 노비였던 자가 옛 주인을 고소하면 곤장 백 대에 삼 년간 노역(힘든 노동으로 벌을 받는 일)에 처한다고 적혀 있사옵니다. 하오나 또 다른 법전에는 아무 잘못도 없는 노비를 죽인 주인이 곤장 육십 대에 일 년간 노역에 처한다고 적혀 있사옵니다."

세종이 두 법전의 내용을 따져 보니 첫 번째 법전을 따르면 부가이가 벌을 받게 되고, 두 번째 법전을 따르면 이씨 부인이 벌을 받게 되었다. 잠시 고민하던 세종은 형조에 명을 내렸다.

"두 법전의 내용이 서로 부딪치는 부분이 있으니 법전에 적힌 내용만으로 판결을 내리기에는 어려움이 있겠다. 그러므로 형조에서는 이와 비슷한 과거의 판결 사례들을 모두 찾아오도록 하라."

그날부터 형조에서는 조선의 사례뿐 아니라 이웃 나라의 사례까지 샅샅이 뒤지기 시작했다. 세종 역시 양팔을 걷어붙이고 거들었다. 천장이 뚫릴 기세로 쌓인 책을 읽다 보니 눈알이 핑핑 돌 지경이었지만, 공정한 판결을 위해서는 최대한 많은 재판 기록이 필요했다. 다행히 세종과 형조의 노력으로 부가이 사건과 비슷한 판결 사례들이 하나둘씩 모였고, 재판 기록을 모으고 정리하는 일이 꼬박 나흘에 걸쳐 드디어 끝이 났다. 형조는 그동안 찾은 재판 기록을 분석해서 세종에게 보고했다.

"옛 노비를 함부로 죽인 자에 대한 재판 기록을 살펴보니 그들에게 엄한 처벌을 내린 판결이 많았사옵니다. 처벌하지 않고 그냥 넘긴 경우에는 같은 죄를 반복하는 자들도 있었사옵니다."

사실을 확인한 세종은 곧바로 명을 내렸다.

"노비가 주인을 고소하지 못한다는 법이 있다고 하더라도 이번 경우에는 이씨 부인에게 벌을 내리는 게 옳을 것이다. 이 사실을 부가이가 사는 마을의 관아에 전달해서 부가이의 억울함을 풀 수 있도록 하라."

세종은 부가이처럼 법을 잘 몰라서 곤란을 겪을 백성을 위해 꼭 알아야 하는 법을 추려서 사람이 많이 다니는 길에 걸어 두도록 했다. 이번 일을 통해 백성들 스스로 법을 알아야 한다고 세종은 생각했다. 하지만 수많은 법 지식을 한 장의 종이에 담을 수는 없는 노릇이었다. 게다가 부가이 사건처럼 여러 개의 법률이 얽혀 있을 경우에는 과거의 재판 기록 모두가 필요했다. 가진 자를 위한 법이 아니라 평범한 백성 모두가 쉽게 도움을 받을 수 있는 방법이 필요했다.

세종의 방(榜)

법이라는 것이 워낙 복잡하고 어렵다 보니
이를 잘 아는 백성이 드물다.
그리하여 백성들에게 쉽고 정확하게 법을
알려 줄 방법을 찾고자 한다.
그 방법을 아는 자가 있으면 상소를 올려 주길 바란다.

미래에서 보낸 말싸미의 상소문

평범한 백성이 범죄에 휘말리게 되었을 때 부가이처럼 용감하게 신문고를 두드릴 수 있는 사람은 많지 않사옵니다. 더구나 한양에서 멀리 떨어진 곳에 산다면 더욱 힘이 들 것이옵니다.

반대로 너무 많은 백성이 신문고를 두드린다면 그것 또한 문제이옵니다. 백성이 겪는 문제들을 왕이 모두 해결하는 것은 불가능한 일이옵니다.

그럴 때 인공지능을 신문고 대신 활용하는 것이 어떻겠사옵니까? 인공지능은 사람처럼 생각하고 판단하는 기계이온데, 법 공부를 시킨다면 백성들이 필요할 때마다 빠르고 정확하게 도움을 줄 수 있을 것이옵니다. 누구의 편도 들지 않는 공정한 답을 그 자리에서 바로 내어 줄 것이고, 사람들에게 가장 도움이 되는 법률을 추천해 줄 것이옵니다. 이번 부가이 사건 역시 인공지능을 이용하였더라면 이전의 판결 사례들을 단 몇 초 만에 정확하게 뽑아서 볼 수 있었을 것이옵니다. 또한 학습 능력이 매우 뛰어나기 때문에 법을 해석하고 분석하는 기술을 스스로 발전시켜서 날이 갈수록 점점 더 뛰어난 능력을 보여 줄 것이옵니다.

이렇듯 인공지능을 마을마다 두고 사용한다면 백성들 모두가 법의 도움을 받아서 엉뚱한 죄를 뒤집어쓰거나 자기도 모르게 법을 어기는 경우를 방지할 수 있을 것이옵니다.

인공지능 해례본

생각하는 기계가 등장했어요

스스로 생각하고 판단해요

손을 대지도 않았는데 저절로 문이 열려요. 꽤 똑똑한 문이지요? 그런데 문이 스스로 움직였다고 해서 이것을 인공지능이라고 부르지는 않아요. 문에 달린 센서가 사람을 인식해서 작동했을 뿐이니까요.

자동문은 사람이 다가오면 문이 열리고 닫힌다는 설계된 명령에 따라 움직이지만, 인공지능이 달린 문은 문 앞에 선 사람이 누구인지 판단하여 문을 열지 말지를 결정해요. 문 앞에 있는 사람이 낯선 사람이라면 굳게 잠근 채 절대 열어 주지 않아요.

참 똑똑한 녀석이구나. 인공지능을 잘 활용하면 사람들이 시간과 노력을 들여서 해야 하는 일들을 대신해 줄 수 있겠어.

인공지능, 너의 능력을 보여 줘!

인공지능에는 중요한 기술들이 있어요. 우선 인간의 언어를 이해하는 '자연어 처리 기술'이에요. 사람이 사용하는 일상적인 말의 뜻을 파악해서 대화를 나누거나 명령대로 움직이도록 하는 기술이지요. 그리고 빅데이터를 활용해서 스스로 공부하는 '머신러닝'과 '딥러닝'은 인공지능의 학습 능력을 키우는 데 꼭 필요한 기술이에요.

이미지나 영상을 인식해서 상황을 파악하는 시각지능 역시 인공지능의 핵심 기술 중 하나예요. 시각지능이 뛰어날수록 CCTV에 찍힌 범죄자 찾기, 훼손된 이미지 복원, 몸속 사진을 보고 정확한 질병을 찾아내기 등 다양한 방면에서 유용하게 사용될 수 있어요. 하지만 이런 훌륭한 능력이 올바른 방향으로 제대로 쓰일지는 인간에게 달린 문제겠지요?

 더 보기

1956년 열린 다트머스 회의에서 '인공지능'이라는 말을 처음으로 사용했어요. 열 명의 과학자들이 한 달간 인공지능의 미래에 대해 토론을 하면서 연구가 본격적으로 시작되었어요.

 이렇게 뛰어난 인공지능의 능력을 잘못 사용한다면 인간에게 독이 될 수도 있겠지.

인공지능, 로봇의 두뇌가 되었어요

'인공지능'이라는 말을 들으면 자연스레 로봇이

떠올라요. 인공지능과 로봇을 사람에 비교하면 인공지능은 두뇌, 로봇은 몸이라고 할 수 있어요. 즉 인공지능이 로봇의 두뇌 역할을 하는 셈이지요. 로봇은 집안일을 돕기도 하고, 공장에서 물건을 만들기도 하고, 그림을 그리기도 해요. 이렇게 다양한 로봇 중에서 인간과 닮은 인간형 로봇이 있는데 인간과 얼마나 비슷한지에 따라서 휴머노이드, 안드로이드, 사이보그로 구분할 수 있어요.

휴머노이드는 사람처럼 머리, 몸통, 팔, 다리를 갖추었지만 온전히 비슷한 모습은 아니에요. 카이스트에서 개발한 '휴보'가 휴머노이드이지요. 안드로이드는 사람과 똑같이 생긴 로봇이에요. 사람인지 로봇인지 구분되지 않을 정도로 피부의 촉감까지 비슷하지요. 하지만 아직까지 완벽한 안드로이드는 만들어지지 않았어요. 사이보그는 휴머노이드나 안드로이드와는 다르게 사람이에요. 인공 팔다리나 인공 장기를 장착해서 신체의 일부가 기계인 사람을 사이보그라고 하지요.

집안일을 돕는 로봇,
로봇 청소기

어려운 법도 걱정 없어요

어떤 사건이나 범죄에 얽혔을 때에만 법이 필요

한 건 아니에요. 일상생활에서도 법이 필요할 때가 많아요. 그렇지만 전문적 지식이 없는 사람들에게 법은 너무 어렵기만 해요. 그럴 때 법률 인공지능을 이용하여 집에서도 편하게 법률 서비스를 받을 수 있어요.

세계 최초의 인공지능 변호사 로스는 10억 장에 달하는 법률 문서를 분석해서 변호사에게 조언하는 역할을 담당해요. 게다가 240년간의 판결 사례를 모두 파악하고 있을 뿐만 아니라 새로운 판결 사례와 법률까지 자율적으로 학습한답니다. 이러한 법률 인공지능은 어려운 법 조항에 대해 쉽게 설명해 주고, 재판을 했을 경우 결과를 예측해 주며, 과거 판결 사례들을 빠른 시간 안에 뽑아 주기도 하지요.

퀴즈 영웅, 닥터 왓슨

닥터 왓슨은 세계 여러 병원에서 환자를 진단하고 치료 방법을 알려 주는 인공지능 의사예요. 왓슨이 처음 실력을 드러낸 것은 2011년 미국의 인기 퀴즈 쇼 '제퍼디!' 출연부터였어요. 이 퀴즈쇼에서 왓슨은 쟁쟁한 실력자들을 제치고 우승을 했지요. 질문을 알아채고 답을 찾는 데 단 3초면 충분했어요. 퀴즈쇼 우승 이후, 왓슨을 개발한 IBM은 왓슨을 미국 메릴랜드대 의대에 입학시켰어요. 대학에서 약 18개월 동안 각종 의학 서적과 논문, 치료 사례를 학습한 왓슨은 우리나라를 비롯한 여러 나라의 병원에서 인공지능 의사로 활동하고 있어요. 하지만 화려한 등장과는 달리 기대만큼의 성과를 보이지는 못했어요. 실제 치료 의사와 왓슨의 의견이 너무 다르다 보니 그 신뢰도가 점점 낮아지고 있거든요. 결국 왓슨 사용

을 중단한 병원도 생겼지요.

첫술에 배부를 수는 없지. 나 역시 훈민정음을 완성하기 위해 얼마나 많은 연구와 시도를 했는지 아무도 모를 것이야.

그렇지만 마이크로소프트, 올림푸스, 지멘스 등의 회사에서 왓슨의 뒤를 이을 인공지능 의사를 개발하려는 노력을 계속하고 있어요. 우리나라 과학기술정보통신부에서도 AI 기술 의사 앤서를 연구하고 있지요. 건강한 삶을 위한 인간의 노력은 앞으로도 계속될 예정이에요.

그림 그리는 딥드림, 소설 쓰는 벤자민

벤자민이 시나리오를 쓴 영화 〈선 스프링〉
(사진: https://www.youtube.com/watch?v=LY7x2lhqjmc)

딥드림이 그린 고흐풍의 그림
(사진:https://deepdreamgenerator.com)

아름다움을 표현하는 예술 활동은 인간만이 할 수 있다고 생각해요. 감정을 느끼지 못하는 인공지능이 창의적 예술 작품을 만들 수 없으리라는 것이지요. 하지만 2016년 인공지능 '딥드림'의 미술 전시회가 열렸어요. '딥드림'은 사람들이 입력하는 이미지를 추상화 기법으로 새롭게 창조하는 추상 화가랍니다. 그리고 딥드림 외에도 마림바를 작곡하고 연주하는 시몬, 영화 〈선 스프링〉

의 시나리오를 쓴 벤자민 등 다양한 인공지능 예술가들이 활발하게 활동하고 있어요.

한 번 더 살펴 주시옵소서

인공지능이 인간의 지능을 넘어서는 시점을 '기술적 특이점'이라고 부르옵니다. 물리학자 스티븐 호킹 박사는 기술적 특이점이 왔을 때 인간의 통제를 벗어난 인공지능이 인간을 지배하게 될지도 모른다고 주장하며 그 위험성에 대해 경고했다고 하옵니다. 인공지능을 어떻게 활용하는 것이 좋을지를 전 인류가 머리를 맞대고 함께 고민해야 할 것이옵니다.

6장
행성을 쌓아서 여진을 막아라

시린 겨울밤이었다. 세종은 경회루 난간에 서서 북쪽을 바라보았다. 저 먼 북방에도 조선의 백성이 살았다. 그들을 떠올리는 세종의 눈에는 근심이 가득했다. 여진족이 걸핏하면 압록강과 두만강을 건너와 노략질을 일삼는 통에 북방의 백성들은 하루도 편한 날이 없었다. 얼마 전에 최윤덕과 이천을 앞세운 대대적인 소탕 작전이 성공한 후로 몸을 사리고 있지만 이대로 호락호락하게 물러날 여진족이 아니었다. 그러므로 더욱 근본적인 대책이 필요했다.

다음 날, 세종은 어전회의(임금의 앞에서 중신들이 모여 국가 대사를 의논하던 회의)를 열어서 북방 백성의 안전에 대해 논의했다.

"북방의 땅을 여진족에게 내주고 우리 백성을 남쪽으로 이주시켜야 하옵니다. 여진족과 가까이 있을수록 그들의 공격으로부터 벗어나지 못할 것이옵니다."

여러 대신이 입을 모아 북방 지역을 포기하자고 했다. 하지만 여진족이 두려워 땅을 버리는 행동은 오히려 그들의 힘을 키워 주는 꼴이 될 수 있기에 세종은 망설였다. 그때 우의정 신개가 나서서 말했다.

"압록강의 서쪽에서부터 두만강의 동쪽에 이르기까지 행성을 쌓는 것이 어떠하옵니까? 고구려와 고려도 행성을 쌓아서 외적을 방어하지 않았사옵니까."

신개의 말대로 압록강과 두만강의 강줄기를 따라 행성을 쌓는다면 튼튼한 성벽이 여진의 공격을 막아 줄 것이었다. 세종은 곧 행성을 쌓는 일의 책임자로 황보인을 임명하여 북방으로 보냈다.

황보인이 북방으로 떠난 지 어느덧 5년, 오랜만에 황보인의 서찰이 도착했다. 반가운 마음에 서둘러 서찰을 펼친 세종의 얼굴은 점점 어두워졌다. 그러자 세종의 표정을 살피던 상선이 물었다.

"북방의 상황이 좋지 않사옵니까?"

"여진족이 또 쳐들어와서 행성을 쌓는 백성을 괴롭힌다고 하네."

세종은 한숨을 푹 쉬었다.

여진족은 잊을 만하면 쳐들어와서는 온 마을을 쑥대밭으로 만들고 갔다. 그래서 백성들은 말발굽 소리가 들린다 싶으면 돌을 쌓다가도 도망가야 했다. 여진족이 그렇게 휩쓸고 가면 겁이 나서 한동안 행성을 쌓을 엄두를 내지 못했다.

그런데 여진족만큼 두려운 것이 또 있었다. 바로 북방의 추위였다. 본격적인 겨

울이 되기 전부터 매서운 추위에 손발이 꽁꽁 얼어 돌 하나 옮기기도 쉽지 않았다. 또 성을 쌓다가 무거운 돌에 깔리거나 높은 곳에서 떨어져 다치는 일이 예사였고, 심지어는 목숨을 잃은 자들도 많았다. 그러니 도망을 치는 백성들이 부지기수였고, 심지어 여진족에게 항복하고 넘어간 자들도 있었다.

이런 사정으로 행성을 쌓는 일은 더디게 진행될 수밖에 없었고, 5년 동안 성을 쌓았지만 아직 반도 완성하지 못했다.

사실 얼마 전에도 북방에서 도망쳤다가 의금부(조선 시대에, 임금의 명령을 받들어 중죄인을 신문하는 일을 맡아 하던 관아)로 끌려 온 백성이 있었다. 그런데 그들이 행성을 쌓느라 얼마나 고생했을지 생각하니 차마 벌을 내릴 수가 없었다. 세종은 입을 꾹 다문 채 생각에 잠겼다.

'백성의 안전을 위해서는 행성을 쌓는 일이 꼭 필요하지만, 오히려 그들을 고통으로 내모는 것은 아닌지 모르겠구나.'

세종은 마음이 아팠다. 그렇지만 행성 쌓기를 포기할 수도 없었다. 어느 것이 백성을 위하는 일일지, 모든 것이 안개가 낀 듯 자욱하게 느껴져서 도무지 앞이 보이지 않았다.

세종의 방(榜)

행성을 쌓으며 겪는 북방 백성의 노고가 이만저만이 아니다.

안 그래도 위험한 공사 현장에

언제 여진족이 쳐들어올지 모르는 불안한 상황,

매서운 추위까지 겹쳐서 더 이상 행성을 짓기 어려운 상태이니라.

하여 안전하고 빠르게 성을 쌓아서 북방 백성의 고생을

줄일 수 있는 방법을 구하노라.

미래에서 보낸 말싸미의 상소문

행성을 쌓느라 고생하는 북방 지역에 3D 프린터를 보내는 것이 어떠하옵니까? 행성을 쌓는 큰 공사는 무엇보다도 안전이 제일이지 않겠사옵니까? 3D 프린터만 있으면 버튼 하나로 무엇보다도 안전하게 성을 쌓을 수 있사옵니다.

본래 프린터라고 하면 종이에 글자나 그림을 인쇄하는 기계를 말하옵니다. 하오나 3D 프린터라는 새로운 기술로 입체적인 물체나 건물까지도 출력이 가능하옵니다. 방법도 어렵지 않사옵니다. 흙 반죽만 미리 준비해 놓으면 되옵니다. 그러면 거대한 빨대처럼 생긴 기계가 흙 반죽을 빨아들여서 설계 도면에 따라 움직여 흙 반죽을 뱉어 낼 것이옵니다. 그러면 아래에서부터 흙 반죽이 차곡차곡 쌓여서 짧은 시간 안에 금방 행성을 완성할 수 있사옵니다. 게다가 이 거대한 기계는 여진의 공격이나 북방의 칼바람에도 끄떡없사오니 더 이상 북방의 백성들이 여진족의 위협에 떨지 않아도 될 것이옵니다.

3D 프린터 해례본

무엇이든 출력해요

차원이 다른 프린터, 2D 프린터와 3D 프린터

1차원(1D)은 직선, 2차원(2D)은 평면, 3차원(3D)은 입체로 이루어져 있어요. 그러므로 우리가 사는 세상은 3차원이라고 할 수 있지요.

그런데 종이 위에 그려진 세상은 어떤가요? 집도 나무도 사람도 모두 평면 위에 존재합니다. 그래서 종이처럼 평평한 물체 위에 그림이나 글자를 인쇄하는 프린터를 2D 프린터, 플라스틱 액체나 금속 가루 같은 재료를 이용해서 입체적 물체를 인쇄하는 프린터를 3D 프린터라고 해요. 처음에는 주로 플라스틱을 재료로 하였다가 차츰 금속, 세라믹, 고무 등 다양한 재료를 활용하기 시작하면서 신발, 시계, 자동차, 건물, 심지어 음식까지 온갖 다양한 사물을 인쇄하게 되었어요.

 이천이 만든 금속활자인 갑인자가 생각나는군. 이 갑인자를 이용해서 책을 찍어 낸 것도 2D 프린팅이라고 할 수 있지.

3D 프린터의 원리는 탑 쌓기

3D 프린터로 인쇄하는 원리는 간단해요. 돌을 차곡차곡 쌓아서 탑을 완성하는 것처럼 재료를 넣고 바닥부터 층층이 쌓아 올리는 것이 3D 프린터의 기본 원리예요. 3D 프린터는 어떤 재료를 가지고 어떤 방법으로 쌓느냐에 따라서 3가지 방식으로 나뉘어요.

3D 프린터로 물체를 인쇄하는 모습

방식	어떤 재료를 사용하나요?	어떻게 쌓을까요?
FDM	열가소성 플라스틱 (성질 : 열에 녹았다가 식으면서 다시 굳는다)	플라스틱을 녹여서 액체로 만든다 → 플라스틱 액체를 치약 짜듯이 베드(판) 위에 짠다 → 액체가 층층이 쌓이면서 굳는다
SLA	액체 상태의 광경화성 수지 (성질 : 레이저 빛을 받으면 굳는다)	큰 통에 액체 상태의 재료를 담는다 → 원하는 위치에 레이저를 쏘면 레이저가 닿는 부분의 액체가 굳는다 → 그 위에 다시 레이저를 쏘아서 층층이 굳혀 나간다
SLS	금속 가루, 세라믹 가루, 플라스틱 가루 (성질 : 레이저 빛을 받으면 가루가 녹았다가 굳는다)	큰 통에 가루 상태의 재료를 담는다 → 원하는 위치에 레이저를 쏘면 가루가 녹았다가 굳는다 → 그 위에 가루를 한 층 더 깔고 다시 레이저를 쏘아서 층층이 굳혀 나간다

SLA 방식과 SLS 방식은 재료가 액체냐 가루냐의 차이일 뿐이지 레이저로 재료를 굳혀서 만드는 기본 방식은 비슷하구나.

바늘과 실 없이 근사한 옷을 만들어요

세균성 수막염으로 열아홉 살에 두 다리를 잃은 에이미 퍼디는 불굴의 의지로 미국을 대표하는 스노보드 선수가 되었어요. 패션 디자이너 대닛 펠레그는 그런 에이미 퍼디를 위해 3D 프린터로 멋진 드레스를 만들어 주었지요. 자신의 몸에 맞춤 제작된 3D 프린팅 드레스를 입은 그녀는 리우 패럴림픽 개막식에서 멋진 공연을 보여 주었답니다.

 현대의 백성들이 입는 옷은 대량으로 만들기 때문에 옷의 크기와 모양이 똑같지만, 3D 프린터를 이용하면 개인의 몸과 취향에 꼭 맞는 옷을 만들어서 입을 수 있지.

인쇄 시간을 단축하는 기술과 부드러운 재질을 만드는 기술이 발전할수록 3D 프린터로 옷을 출력하는 사람들이 늘어날 거예요. 옷 가게에 가는 대신 디자인 도면을 다운 받아 집에서 옷을 제작하는 것이지요. 패션 센스가 뛰어난 친구들은 옷을 직접 디자인할 수도 있겠지요?

 바느질 기술이 없어도 옷을 만들어 입을 수 있다는 사실이 정말 놀랍구나. 늘 똑같은 모양인 용포(임금이 입는 옷)가 슬슬 질리던 참이었는데 나도 유행에 맞게 3D 프린터로 만든 옷을 입어 볼까?

3D 프린터로 옷을 만들어 입으면 의류 쓰레기도 줄일 수 있어요. 지금은 대량으로 옷을 만들었다가 팔리지 않으면 모두 버려야 해요. 하지만 3D 프린터를 이용하면 필요한 만큼만 만들면 되니까 쓰레기를 줄일 수 있답니다.

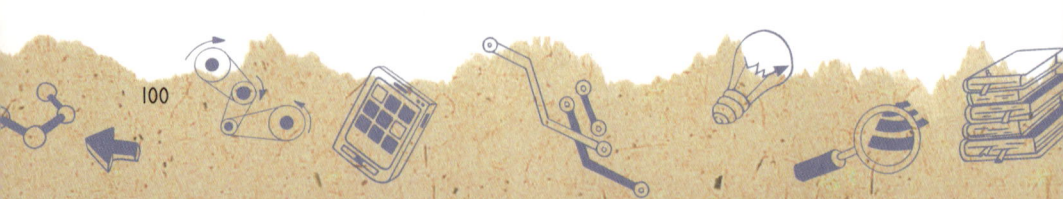

3D 프린터로 건물을 만든다고요?

독일 발렌하우젠 마을에 3D 프린터로 출력한 3층 아파트가 있어요. 이는 지금까지 3D 프린터로 지은 건물 중 가장 높은 건물이에요. 아주 커다란 크기의 3D 프린터가 치약을 짜듯이 시멘트를 짜면서 차곡차곡 쌓아 올리는 방식으로 만들었지요.

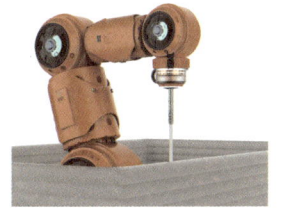
3D 프린터로 시멘트를 쌓아 올리는 모습

3D 프린터로 건물을 지으면 빠른 시간 안에 완성이 가능해요. 발렌하우젠 마을의 3층 아파트도 단 6주 만에 완성되었지요. 또한 건물을 지으면서 발생할 수 있는 사고로부터 자유롭고, 사막같이 열악한 환경에서도 큰 영향을 받지 않고 공사를 진행할 수 있어요.

그래서 학교가 없는 난민촌이나 인구수에 비해 주택이 턱없이 부족한 곳, 그리고 노숙자가 머무를 공간이 필요한 곳들을 3D 프린터가 찾아다니며 뚝딱뚝딱 건물을 지어요.

달 토끼에게 집을 지어 주는 방법

우주 개척 시대를 맞아 달이나 행성에 기지를 세울 준비를 해요. 그런데 문제가 하나 있어요. 기지 건설에 필요한 재료를 지구에서 실어 나르는 일이에요. 우주 로켓을 띄워서 기지 건설에 필요한 재료를 가져오려면 천문학적 시간과 비용이 들거든요.

그래서 유럽 우주국(ESA)은 3D 프린터로 달 기지를 건설하는 방법을 연구하고 있어요. 3D 프린팅 기술을 활용하면 재료를 지구에서 가져올 필요가 없어요. 우주에 떠도는 먼지와 산화마그네슘을 혼합해서 3D 프린터에 주입하면 튼튼한 건축물을 지을 수 있거든요. 우주용 3D 프린터가 개발되어서 무중력 상태에서도 출력이 가능하다면 달나라에 사는 토끼에게 근사한 집을 지어 줄 수 있어요.

3D 프린터, 기적을 출력하다!

살아 있는 세포를 배양해서 3D 프린터로 피부나 각막 같은 인체 조직과 간이나 심장 같은 장기를 출력해서 사람에게 이식할 수 있도록 돕는 기술을 바이오프린팅이라고 해요. 바이오프린팅은 사람의 생명을 살리는 기술이지요.

이렇게 3D 프린터로 환자 맞춤형 장기를 만든다면 이식해 줄 장기를 기다리다가 환자들이 목숨을 잃게 되는 안타까운 일이 일어나지 않을 거예요.

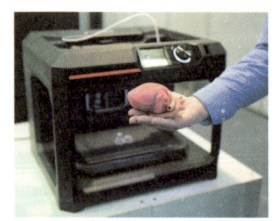
인간의 장기를 인쇄하는 미래의 3D 프린터

실제로 2018년 영국 뉴캐슬대 연구진이 세계 최초로 사람의 각막을 3D 프린터로 제작하는 데 성공했어요. 물론 사람에게 실제 이식하려면 아직 많은 연구가 필요하지만, 앞을 보지 못하는 시각장애인들에게는 한 줄기 빛이 되는 소식이었지요. 우리나라의 포스텍(포항공과대학교)에서도 인공 근육과 인공 피부 제작에 성공하며 바이오프린팅을 활발하게 연구하는 중이에요.

병이 든 장기를 건강한 장기로 바꿀 수 있다니……. 놀랍구나, 놀라워! 그 옛날 중국의 진시황제가 찾아다녔다는 불로장생의 비밀이 바로 이것이 아닌가 싶구나.

한 번 더 살펴 주시옵소서

3D 프린터가 널리 퍼지게 되면 총이나 마약 같은 위험한 물건을 쉽게 만들 수 있사옵니다. 실제로 미국이라는 나라에서 어떤 사람이 권총 설계도를 올렸더니 3일 동안 1,000건 이상의 다운로드가 있었다고 하옵니다. 3D 프린터가 위험한 일에 쓰이지 않도록 이 점을 깊이 헤아려 주시옵소서.

7장

의창의 거래 장부를 조작하다

> 진안을 다스리는 수령이 의창의 곡식을 부자에게 빌려주어
> 굶주린 백성들에게 나눠 줄 곡식이 모자란다는 제보가 있사옵니다.
>
> — 사헌부(관리들의 비리를 감시하는 관청)의 상소문 —

"이런 고얀 경우를 보았나!"

상소문을 읽던 세종이 벌컥 화를 냈다. 의창은 가난한 백성에게 곡식을 빌려주고 가을에 추수가 끝나면 갚도록 하는 곳이었다. 마을마다 설

치된 의창 덕분에 백성들은 흉년이 들어도 굶주리지 않을 수 있었다. 그런데 진안 지역을 다스리는 수령이 의창의 곡식으로 부자들의 배를 불리고 있다고 하였다. 이에 세종은 직접 조사하기 위해 진안 수령과 마을 사람들을 데려오도록 했다.

다음 날이 되자 진안에서 올라온 사람들이 세종 앞에 무릎을 꿇고 앉았다.

"진안의 백성은 흉년이 들어 쫄쫄 굶고 있는데 부잣집 창고에는 곡식이 수북하게 쌓여 있다는 말이 사실이렷다?"

세종의 호통에도 진안 수령은 당당했다.

"의창에서 일어나는 거래는 장부에 빠짐없이 기록하는데 어떻게 감히 속일 수 있겠사옵니까?"

진안 수령은 의창의 거래 장부를 세종에게 올렸다. 장부에는 마을 사람들이 의창에서 곡식을 빌려 간 내역이 상세하게 적혀 있었는데, 수령의 말대로 달리 수상한 점은 보이지 않았다.

하지만 마을 사람들은 수령의 말에 반박했다.

"수령이 장부를 조작한 것이옵니다. 마을 부자들의 이름은 빼고 저희의 이름을 대신 적었사옵니다. 부디 저희의 말을 믿어 주시옵소서."

각자의 말만 들어서는 누가 진실이고 거짓인지 판별하기 어려웠다. 때마침 세종의 명을 받고 진안 관아를 샅샅이 조사한 사헌부 관리가 궁에 도착했다.

"전하, 이것 좀 보시옵소서."

사헌부 관리는 진안 관아의 깊숙한 곳에서 찾은 여러 권의 장부를 세종에게 전했다. 그런데 그 장부를 본 수령은 좀 전까지의 위풍당당한 모습은 어디 가고 바들바들 떨기 시작했다. 세종이 장부를 펼쳐 보니 여기에도 의창의 거래 기록이 적혀 있었다. 그런데 이 장부에는 최 참판, 김 진사, 황 판사 등 진안에서 재산과 땅이 많기로 유명한 자들의 이름이 적혀 있었다. 마을 사람들의 말처럼 수령이 세종에게 올린 장부는 부자들의 이름을 마을 사람들의 이름으로 바꾼 조작된 장부였다.

세종이 두 눈을 무섭게 부릅뜨고 수령을 향해 소리쳤다.

"부자들에게만 곡식을 내어 준 뒤 그 사실을 숨기려고 거래 장부를 조작하다니……. 이렇게 뚜렷한 증거가 있으니 더 이상 발뺌은 어려울 것이다. 어서 사실대로 고하라!"

그러자 수령은 바짝 엎드리고는 벌벌 떨며 말했다.

"죽…… 죽을죄를…… 지었사옵니다."

결국 진안 수령이 이중장부를 만들어서 의창을 운영해 온 사실이 드러났다. 그런데 다행히 진짜 장부를 찾았기에 망정이지 찾지 못했더라면 수령의 죄가 그대로 묻힐 뻔했다. 또 앞으로도 장부의 기록을 조작해서 의창의 곡식을 빼돌릴 위험도 여전했다. 의창의 곡식을 누가 얼마큼 빌렸고 갚았는지 등을 투명하게 남길 수 있는 방법이 없을지 세종은 고민했다.

세종의 방(榜)

진안 수령이 장부를 조작하여
의창의 곡식을 빼돌리는 짓을 하였다.
다시는 이와 같은 일이 생기지 않도록
의창의 곡식이 들어오고 나가는 과정을
사실 그대로 기록하고자 하니 그 지혜를 나눠 주길 바란다.

미래에서 보낸 말싸미의 상소문

이번 진안에서 일어난 사건과 같이 이중장부를 만들어서 의창의 곡식을 빼돌리는 일이 계속된다면 백성들이 어떻게 나라를 의지하며 따를 수 있겠사옵니까? 그래서 다시는 이런 일이 일어나지 않도록 블록체인을 소개해 드리고자 하옵니다.

블록체인은 거래 과정을 많은 사람과 공유해서 함부로 기록을 조작할 수 없도록 안전하게 지키는 기술이옵니다. 의창의 거래 장부에 블록체인의 원리를 적용한다면 거래 장부를 수령만 가지는 것이 아니라 똑같은 장부를 만들어서 마을 사람 모두가 가지게 될 것이옵니다. 그래서 거래가 있을 때마다 그 내역을 모든 장부마다 똑같이 추가로 기록하는 것이 블록체인의 방식이옵니다.

그렇게 되면 최 참판과 김 진사가 곡식을 언제, 얼마큼 빌렸는지 마을 사람 모두가 알게 되오니 의창의 곡식을 함부로 빼돌리지 못할 것이옵니다. 만에 하나 누군가의 장부를 훔쳐서 기록을 삭제한다고 하더라도 다른 이의 장부에 그 기록이 남아 있습니다. 그러므로 마을 사람 절반 이상의 장부를 훔쳐서 기록을 삭제하지 않는 한 장부를 조작하는 일은 있을 수 없을 것이옵니다.

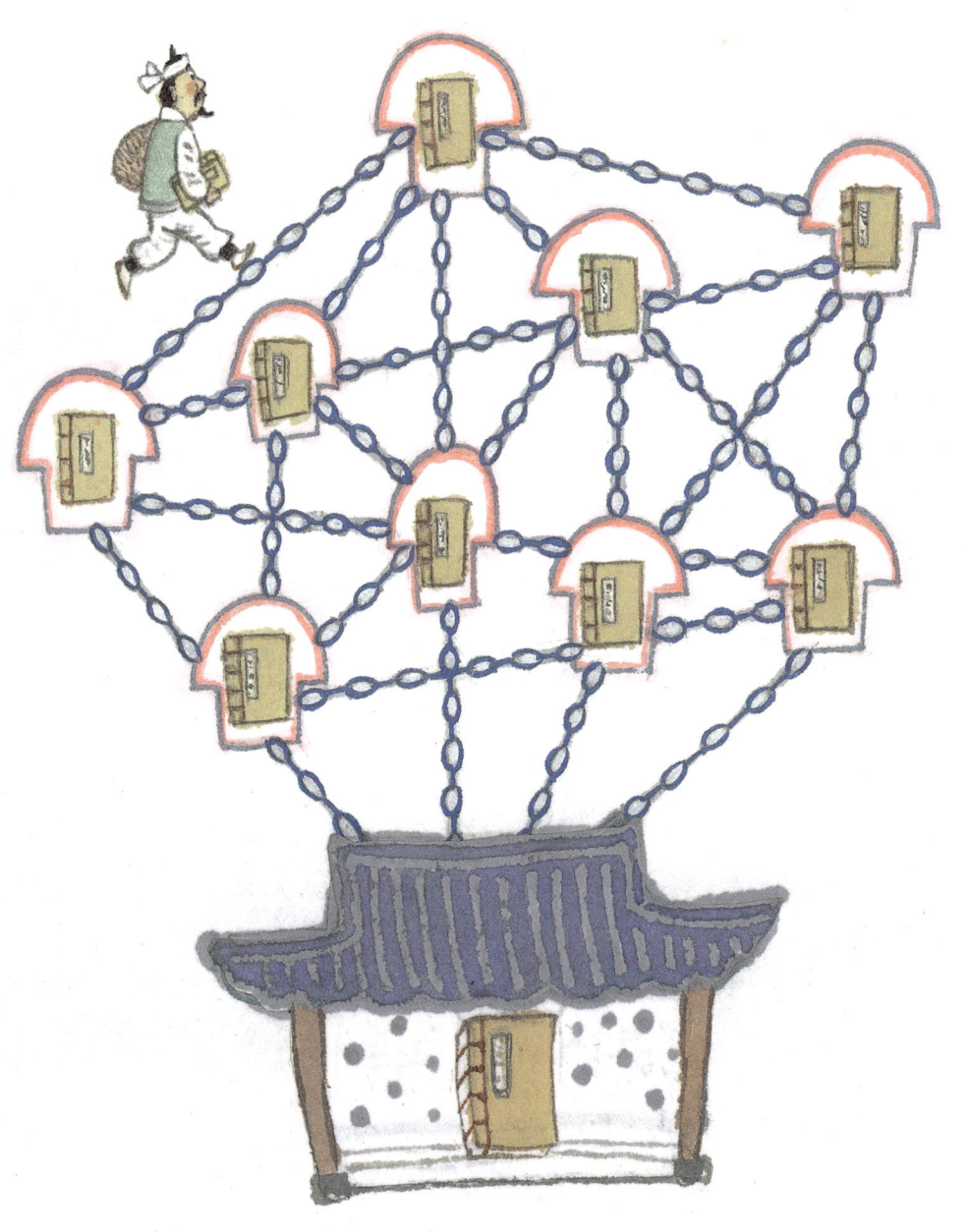

블록체인 해례본

거래 내역을 안전하게 저장해요

블록체인은 왜 만들어졌을까요?

온라인으로 거래하는 가상화폐(암호화폐)는 해커들이 거래 내역을 조작하거나 개인 정보를 빼 가는 경우가 많아요. 그래서 사토시 나카모토는 금융 거래를 조작할 수 없도록 블록체인 기술을 개발했어요. 블록체인은 블록에 정보를 안전하게 저장한 뒤 많은 사람들과 공유해서 해킹을 막는 기술이에요. 그리고 이러한 기술을 적용해서 만든 가상화폐가 바로 비트코인이지요. 그런데 비트코인의 가격 변동이 워낙 심하다 보니 화폐로 쓰기에 아직은 어려움이 있어요.

화폐는 신뢰가 생명이지. 사람들이 신뢰하지 않는다면 그 화폐를 절대 사용하지 않거든. 조선통보를 화폐로 사용하려고 나도 온갖 설득을 다해 봤지만 백성들은 조선통보를 구리 뭉치로만 여길 뿐, 도통 화폐로 여기질 않아서 결국 실패하고 말았지. 큭……, 나의 뼈아픈 흑역사라고나 할까?

블록체인으로 거래 내역을 저장하는 방법은 무엇인가요?

블록체인은 '블록'과 '체인'이 결합된 말이에요. 블록은 정보가 저장되어 있는 저장소를 말하며, 체인은 블록끼리 서로 연결되어 있다는 의미랍니다.

아하! 블록체인은 정보가 저장된 블록들이 서로 연결되어 있다는 뜻이로구나.

이제부터 블록체인 기술로 거래 내역을 안전하게 저장하는 과정을 살펴보아요.

준영이가 현수에게 1,000원을 빌려주었어요

| 블록 A | — | 블록 B |

① '준영이가 현수에게 1,000원을 빌려주었다.'는 거래 정보가 블록 B에 담겨서 친구 100명의 컴퓨터로 전달되었어요.
② 친구 100명의 컴퓨터는 블록 B의 내용이 같은지 서로 비교해요.
③ 똑같은 블록 B를 가지고 있다는 사실이 절반 이상의 컴퓨터에서 확인되면 정식 블록으로

 더 보기

사토시 나카모토는 누구인가요?
사토시 나카모토는 비트코인을 개발한 프로그래머예요. 그런데 그에 대해 정확하게 알려진 사실은 하나도 없어요. 사토시 나카모토가 한 명인지 단체인지, 남자인지 여자인지, 일본인인지 아닌지조차 몰라요. 그동안 자신이 사토시 나카모토라며 나섰던 사람이 여러 명 있지만, 그 사실을 확실하게 증명한 사람은 아무도 없어요.

채택되어 원래 있던 블록 A와 연결해요.

블록체인, 최고의 방패인 이유

블록체인으로 저장한 정보를 해킹하는 일은 왜 어려울까요?

만약 누군가가 현수의 컴퓨터에 몰래 접속한 뒤 '준영이가 현수에게 5,000원을 빌려주었다.'라는 가짜 정보를 블록 C에 저장해서 블록 B와 바꿔치기하려고 해요. 하지만 이미 친구들의 컴퓨터에는 블록 B가 복사되어서 블록 A와 연결되어 있는 상태이지요. 바꿔치기 작전이 성공하려면 친구 100명의 컴퓨터 중 절반 이상의 컴퓨터에 접속해서 블록 B와 C를 서로 바꿔 놓아야 해요. 몇 분이 지나면 블록 D가 만들어져서 블록 B와 연결되기 때문에 그 전에 성공하지 않으면 바꿔치기 작전은 실패예요.

이렇듯 아주 짧은 시간 안에 아주 많은 컴퓨터에 접속하여 블록을 바꿔야 해요. 그러므로 블록체인으로 연결된 블록 해킹은 아주 힘든 일이랍니다.

최악의 국가 마비 사태를 겪었어요

남한의 절반도 되지 않는 유럽의 작은 국가, 에스토니아에 대해 아시나요? 이 작은 나라는 세계 최고의 IT 강국으로, 태어나자마자 전자 신분증을 발급받아 세금, 교육, 투표 등 대부분의 행정 서비스를 온라인에서 이용하지요.

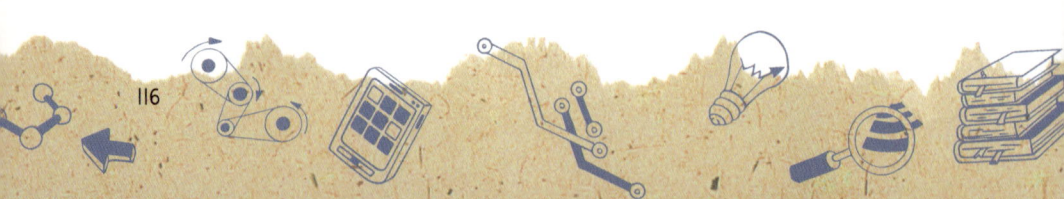

에스토니아가 이렇게 탄탄한 디지털 정부 시스템을 마련할 수 있었던 것은 2007년 러시아로부터 사이버 공격을 받고 온 나라가 발칵 뒤집히면서부터예요. 이때까지만 해도 에스토니아는 국가와 관련된 모든 정보를 중앙 서버에서 관리했는데, 사이버 공격으로 중앙 서버가 뚫리자 국가 전체가 마비될 정도로 최악의 상황을 겪게 되었지요.

　이 사건을 계기로 에스토니아는 정보를 블록에 담아서 여러 컴퓨터에 분산해 저장하는 블록체인 기술을 도입했어요. 이렇게 블록체인으로 해킹과 위·변조로부터 안전한 기반을 마련하고 난 뒤, 디지털 정부 시스템을 완성하게 되었답니다.

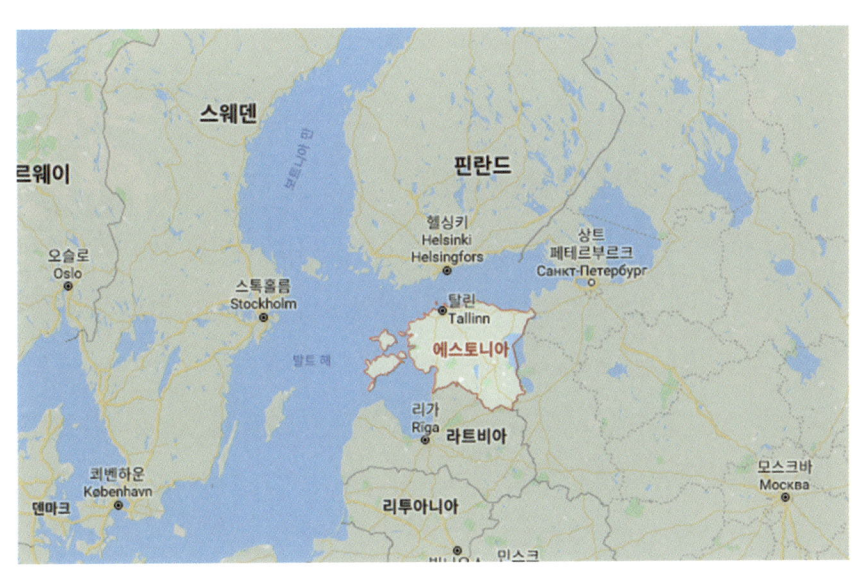

프라이빗 블록체인으로 개인 정보를 안전하게

블록체인은 중요한 기록물을 위조나 변조 없이 안전하게 관리하는 데 사용하기도 해요. 정부, 학교, 병원 같은 공공기관에서 관리하는 문서에는 신분증, 학생 생활기록부, 진료 기록 등 중요한 개인 정보들이 담겨 있기 때문에 보안에 철저해야 합니다. 그래서 공공기관에서도 블록체인에 많은 관심을 가질 수밖에 없는데, 특히 프라이빗 블록체인을 주시하고 있어요.

블록체인은 누구와 함께 블록을 공유하느냐에 따라 프라이빗 블록체인과 퍼블릭 블록체인으로 구분해요. 프라이빗 블록체인은 허가받은 사람끼리 정보를 열어 보고 블록을 공유할 수 있다면, 퍼블릭 블록체인은 누구라도 상관없이 정보를 열어 보고 블록을 공유할 수 있지요. 그래서 정부나 공공기관은 국적이나 사는 지역 등의 조건에 맞춰서 참여자를 선택할 수 있는 프라이빗 블록체인을 선호해요.

국민의 의견을 귀담아들어요

온라인 투표는 누구나 쉽게 사용할 수 있어요. 가까운 친구들과 약속을 정할 때, 학교에서 학생들의 의견이 필요할 때 온라인 투표 시스템을 이용하지요. 온라인 투표는 투표소까지 이동할 필요 없이 편하게 나의 의견을 전달할 수 있고, 결과를 분석할 때 드는 시간과 비용도 절약할 수 있어요. 하지만 해킹에 취약하기 때문에 중요한 선거일수록 사용하기가 힘들어요.

그럴 때 보안이 강화된 블록체인 기술을 적용한다면 대통령 선거나 국회의원 선거, 국민투표도 온라인 투표로 결정할 수 있을 거예요. 국민들은 부정선거에 대한 걱정 없이 안전하고 간편하게 온라인으로 의견을 전달할 수 있지요.

 몸이 불편한 사람이나 다른 나라에 사는 사람들, 일을 해야 하는 사람들은 투표를 하고 싶어도 못하는 경우들도 있을 것 같구나! 그럴 때 온라인 투표 시스템이 도움이 되겠는걸?

8장

명통사 맹인들의 소원은?

쏴아아~.

아침부터 시원하게 비가 내렸다. 오랜 가뭄을 해소시켜 주는 반가운 비였다. 근정전의 돌 마당에 떨어지는 빗소리를 감상하던 세종은 문득 명통사가 떠올랐다.

'명통사의 맹인들이 기우제를 지내느라 고생이 많았지. 그들에게 고마운 마음을 전하고, 반가운 비도 함께 즐기고 싶구나.'

그리하여 세종은 당장 명통사를 찾았다.

"기우제를 지내느라 다들 고생이 많았소. 바라는 것이 무엇이오? 무엇이든 말해 보시오."

그렇지만 명통사의 맹인들은 느닷없이 나타나서 질문을 던지는 세종이 당황스러웠다. 다들 무슨 말을 해야 할지 몰라 머뭇거렸고, 그러자 세종이 재차 물었다.

"오늘 이렇게 내리는 비는 다 그대들의 공이오. 그래서 내가 상을 내리고 싶으니 소원이 있으면 편하게 말해 보시오."

세종이 몇 번을 더 재촉하고 나서야 박 노인이 어렵사리 말을 꺼냈다.

"실은 소원이 하나 있긴 있사온데……."

박 노인은 운을 떼고도 한참을 머뭇거렸고, 세종의 옆에서 대화를 가만히 듣던 상선은 얼마나 큰 소원이기에 저리 뜸을 들이나 싶어 고개를 갸웃거렸다.

"그것이 무엇이오?"

맹인들을 향해 앞으로 당겨 앉으며 세종이 물었다.

"고향을 다녀오는 것이옵니다."

뜻밖의 소원이었다.

'고작 고향에 가는 것이 소원이라니?'

상선은 계속 고개를 갸웃거렸지만 옆에 있던 다른 맹인들은 고개를 끄덕이며 맞장구를 쳤다.

박 노인이 이어서 말했다.

"고향이 먼 사람이 여기 많사온데 앞이 보이지 않아 누군가의 도움 없이는 고향을 다녀오는 것이 어렵사옵니다."

"음…… 듣고 보니 그렇겠소. 고향에 못 간 지 얼마나 되었소?"

"삼 년 전에 다녀온 것이 마지막이옵니다."

박 노인의 말처럼 명통사의 맹인들은 고향에 가고 싶어도 마음대로 갈 수 없는 처지였다. 한양을 떠나 고향으로 가려면 굽이굽이 고개를 몇 개나 넘어야 했기 때문이다. 앞이 멀쩡히 보이는 사람도 힘든 길인데, 앞이 보이지 않는 사람들은 도저히 혼자서는 갈 수 없는 길이었다. 그래서 그들은 큰돈을 들여서 길잡이를

구하거나 고향과 같은 방향으로 가는 사람이 있으면 사정을 해서 함께 가곤 했다. 하지만 이마저도 자주 오는 기회가 아니었다. 큰돈을 구하는 것도 쉽지 않았지만, 고향과 같은 방향으로 가는 사람을 만나기란 더더욱 어려웠다.

"고향에 있는 가족과 친구가 그리워 눈물을 흘리는 밤이 수도 없이 많사옵니다."

박 노인의 목소리가 점점 젖어 들었다.

고향 방문이 그리도 큰 소원일까 싶었던 상선은 아무것도 몰랐던 스스로가 부끄러웠다. 누군가에게는 아무것도 아닌 일이 누군가에게는 간절한 소원일 수 있었다. 맹인은 앞이 보이지 않는 불편뿐 아니라 발이 묶이는 불편을 겪어야만 했다.

"걱정 마시오. 당장 길잡이를 구해서 고향을 다녀올 수 있도록 하겠소."

"감사하옵니다. 정말 감사하옵니다."

세종의 약속에 명통사 맹인들은 연신 감사 인사를 전했다.

사실 세종은 박 노인의 말이 남의 이야기 같지 않았다. 세종 역시 오랫동안 눈병에 시달렸는데, 어떤 날은 상선의 부축을 받아야 할 정도로 눈앞이 흐릿했다. 그런 날은 일부러 외출을 하지 않았다. 한 걸음 옮길 때마다 누군가에게 의지해서 움직여야 하는 게 얼마나 답답한지 겪어 보지 않으면 모를 일이었다.

'이들이 가고 싶은 곳이 어디 고향뿐이랴. 앞이 보이지 않는다고 가고 싶은 곳이 왜 없겠는가? 갈 수만 있다면 전국 방방곡곡 어디든 다니고 싶을 테지. 눈으로 보지는 못해도 소리로, 냄새로, 마음으로 더 많은 것을 볼 수 있는 자들인데……'

명통사를 다녀온 후부터 세종은 새로운 세상에 대한 고민이 많았다. 앞이 보이지 않는 사람들도 가고 싶은 곳을 마음껏 다닐 수 있는 자유로운 세상, 그런 세상을 꼭 만들고 싶다는 간절한 마음이 들었다.

> **세종의 방(榜)**
>
> 앞을 못 보는 사람은 혼자서 다니기 힘들어
> 가고 싶은 곳이 있어도 포기하는 경우가 많다.
> 그들이 자유롭게 세상 구경을 할 수 있는
> 좋은 의견을 백성들에게 구하고자 하노라.

미래에서 보낸 말싸미의 상소문

가고 싶은 곳을 자유롭게 다닐 수 없음이 얼마나 답답한 일이겠사옵니까. 그래서 명통사의 맹인들을 위하여 자율주행 자동차를 권해 드리옵니다. 자율주행 자동차는 운전자 없이 스스로 움직이는 자동차를 말하옵니다. 전하께서 타고 다니는 가마가 가마꾼 없이 저절로 움직인다고 상상하시면 쉽게 이해가 갈 것이옵니다.

사실 자율주행 자동차가 나오기 전에도 자동차라는 것이 있었사옵니다. 이 자동차 덕분에 많은 사람이 목적지까지 빠르게 이동할 수 있었고, 많은 짐도 나를 수 있었사옵니다. 하오나 자동차는 운전자가 주변을 살피며 직접 핸들을 움직여서 운전을 해야 하기에 눈이 보이지 않거나 몸이 불편한 사람은 이용할 수 없는 불편이 있었사옵니다. 게다가 예기치 못한 상황과 운전자의 부주의로 사고가 나서 목숨을 잃거나 다치는 경우도 많다고 하옵니다.

허나 스스로 움직이는 자율주행 자동차를 이용하면 몸이 불편한 사람도 원하는 곳을 자유롭게 갈 수 있음은 물론이고, 사고도 줄어들 것이옵니다. 그저 가고자 하는 목적지만 정확히 얘기한다면 명통사의 맹인들도 아무 때나 편하게 고향에 다녀올 수 있을 것이옵니다.

자율주행 자동차 해례본

 스스로 움직여요

자율주행 자동차의 세 가지 눈

　자율주행 자동차는 스스로 움직이는 자동차예요. 자율주행 자동차가 스스로 움직일 수 있는 이유는 특별한 눈을 가졌기 때문인데, 자율주행 자동차는 그 눈으로 사물과의 거리를 재고 신호등의 색깔을 구분하며 위험을 감지하지요.

　자율주행 자동차의 특별한 눈이란 '카메라', '레이더', '라이다'라고 부르는 세 가지 센서를 말해요. 자율주행 자동차의 첫 번째 눈인 카메라는 렌즈를 통해 들어온 빛을 디지털 신호로 바꿔서 바로 앞의 물체가 사람인지, 자동차인지, 신호등인지를 구별해요. 다른 센서와 달리 유일하게 색깔을 구분할 수 있지만, 차와 물체 사이의 정확한 거리를 알기 어려워서 레이더와 라이다 같은 다른 센서의 도움이 필요하지요. 두 번째 눈은 레이더예요. 레이더는 전파를 쏘아서 물체가 반사되어 돌아오는 시간과 주파수를 통해 거리, 속도, 각도와 같은 정보들을 알아내요. 멀리 떨어져 있는 물체와의 거리도 알 수 있고, 가만히 서 있는 물체와 움직이는 물체를 구분할 수도 있어요. 마지막 눈은 라이다예요. 라이다는 전파를 쏘는 레이더와 달리 빛을 쏘아서 정보를 얻어요. 라이다를 통해 얻은 정보는 정밀도가 뛰어나서 3D로 표현할 수 있다는 장점이 있지요.

이 세 가지 눈을 통해 자율주행 자동차는 주변 차와 너무 가까운 것은 아닌지, 안전 표지판의 의미가 무엇인지, 도로에 위험한 물건은 없는지 등을 파악해서 안전한 운행을 하지요.

이렇게 훌륭한 눈을 세 개나 가지고 있으니 앞이 보이지 않는 사람을 도와 가고 싶은 곳을 데려다줄 수 있겠구나.

자율주행 자동차는 여섯 단계로 발전해요

자율주행 자동차는 발전 단계에 따라 0단계에서 5단계로 구분할 수 있어요. 0단계는 자율주행 기능 없이 오로지 운전자에 의해서만 움직이는 단계이고, 1단계는 차선 이탈을 방지하거나 앞차와 간격을 유지하는 등 일부 기능이 자동화로 움직이는 단계예요. 2단계는 자동차가 두 가지 기능을 스

운전자의 도움 없이 스스로 달리는 자율주행 자동차

스로 작동시켜 운전하는 단계로 방향 조절과 속도 조절을 동시에 할 수 있어요. 3단계로 넘어가면 운전자의 도움 없이 자동차 스스로 운전을 할 수 있지요. 이때 운전자는 자동차가 도움을 요청할 때에만 운전대를 잡으면 된답니다.

 삼 단계까지는 운전자가 앞을 살펴보며 항상 조심해야 되겠구나. 자율주행 자동차만 믿고 잠을 자거나 책을 보다가는 돌발 상황이 났을 때 위험할 수 있겠어.

4단계는 운전자가 조건을 지정하면 안전한 자율주행이 가능하며, 5단계에 이르면 모든 조건에서 완벽하게 자율주행 시스템이 작동해요. 그래서 운전자가 전혀 필요하지 않게 되지요.

 오 단계까지 완성된다면 명통사 맹인들도 어디든 자유롭게 다닐 수 있겠구나. 이런 날이 빨리 온다면 얼마나 좋을꼬.

레오나르도 다빈치, 최초의 자율주행 설계자

레오나르도 다빈치는 세계적인 그림 〈모나리자〉를 그린 화가예요. 다빈치는 그림뿐 아니라 해부학, 발명, 과학, 수학 등 다양한 분야에도 많은 관심을 기울였는데, 자율주행 기술을 최초로 설계하기도 했지요.

 레오나르도 다빈치라는 양반도 다양한 분야에서 재주가 많았구먼. 꼭 나 같은 걸? 껄껄껄.

레오나르도 다빈치는 1478년에 자동 이동 카트를 설계했는데, 원래의 형태로 돌아가려는 스프링의 성질을 이용해서 카트를 움직이는 데 성공했어요. 심지어 핸들 각도를 미리 정해서 원하는 길로 이동하는 것도 가능했지요. 자동차가 발명되기 훨씬 전의 일이지만, 사람의 조종 없이 원하는 길로 이동할 수 있다는 것이 현재 자율주행의 목표와 같았던 것이지요.

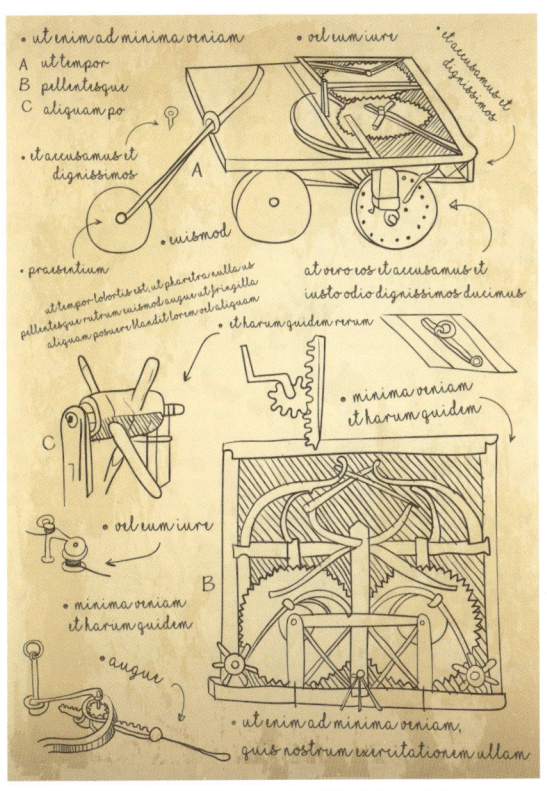

스프링의 성질을 이용하여 만든 자동 이동 카트 스케치

자율주행 자동차로 세상과 가까워져요

자율주행 자동차는 장애인과 노약자 등 혼자서 이동하기가 불편한 교통 약자들을 세상 밖으로 이끌어 주는 역할을 해요.

실제로 2016년에 시각장애인인 스티브 메이헌이 홀로 자율주행 자동차를 타고 도로를 달리는 시험 운행에 성공했어요. 오랜 연구 끝에 무인 자동차 기업 웨이모(Waymo)에서 완성한 이 자율주행 자동차는 일반 자동차와 비교하여 큰 차이점이 하나 있어요. 바로 운전대와 브레이크 페달이 없다는 점이랍니다. 사람이 운전하지 않기 때문에 운전대와 페달이 굳이 필요가 없지요. 시험 운행을 마친 스티브 메이헌은 '자율주행 자동차는 매우 훌륭한 운전자였다.'라고 말했어요. 스티브 메이헌의 말처럼 자동차가 곧 운전자가 되는 시대에는 모든 이들이 자유롭게 이동할 수 있을 거예요.

자율주행 자동차, 사물인터넷과 만나다

자율주행 자동차에 사물인터넷 기술이 더해지면 CCTV, 횡단보도, 신호등에 설치된 센서와 자율주행 자동차가 네트워크로 연결되어 실시간 정보를 주고받을 수 있지요. 누군가가 무단 횡단을 한다는 신호를 받으면 미리 속도를 줄이기도 하고, 도로 위 차량의 숫자를 파악해서 한적한 길로 돌아가고, 다른 자동차의 위치를 공유해서 충돌을 방지하기도 하지요. 또한 주차장에 달린 센서가 빈 주차 공간을 감지해서 위치를 전송해 주기 때문에 주차 자리를 찾느라 애쓸 필요도 없어요.

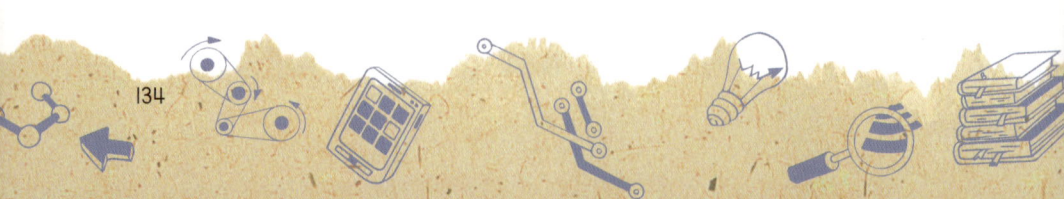

이러한 스마트 교통 시스템으로 교통사고와 도로 혼잡, 에너지 문제 등 각종 도시문제를 해결할 수 있어요. 그리하여 미국의 콜럼버스, 스페인의 바르셀로나와 같은 도시에서 스마트 교통 시스템을 적극적으로 시행하고 있어요.

한 번 더 살펴 주시옵소서

자율주행 자동차가 아무리 뛰어난 기술로 만들어졌다고 해도, 모든 기술은 작동 과정에서 오류가 생길 수 있사옵니다. 만약 달리는 중에 갑작스럽게 오작동이라도 일어난다면 큰 사고로 이어질 수 있으니 항시 안전 운전에 유념하셔야 하옵니다. 그리고 또 하나 주의할 점이 있사옵니다. 교통 상황을 수집하기 위해 늘 네트워크에 접속되어 있다 보니 해커가 자동차를 조종하여 각종 범죄 행위를 저지를 수도 있사옵니다. 이러한 기술상의 오작동과 보안상의 문제에 대해 자세히 살펴보신 후 부족한 점을 보완해 주시길 바라옵니다.

맺음말

4차 산업혁명으로
더 나은 세상을 만들어요

간만에 한가로운 낮이었다. 방 안에 드리워진 햇살이 조금씩 길어지더니 책을 읽는 세종을 조용히 비추었고, 세종은 이내 꾸벅꾸벅 졸기 시작했다. 마치 세상이 멈춘 듯 고요한 시간이었다.

"전하, 일어나 보시옵소서."

누군가가 부르는 소리에 설핏 눈을 뜬 세종이 고개를 들었다. 그 앞에는 말싸미가 세종을 바라보며 서 있었다.

"오, 말싸미로구나! 여기는 무슨 일이냐?"

"잠시 저를 따라와 주시옵소서."

말싸미는 세종의 손을 잡고는 침전(왕이 쉬는 방) 밖으로 이끌었다. 침전 앞의 마당에는 드론 한 대가 놓여 있었다. 세종이 조심스럽게 올라타자 드론은 윙윙 소리를 내며 하늘로 오르더니 날아가기 시작했다.

한양의 풍경이 세종의 발아래 모두 펼쳐 보였다. 울긋불긋한 가을 녘 한양은 정말이지 아름다웠다. 사물인터넷 센서로 영양분을 조절하여 키운 벼는 노랗게 잘 익어서 황금 들판을 이루고 있었다. 의창에는 이미 추수를 마치고 거둔 곡식들이 차곡차곡 쌓이고 있었다. 이렇게 의창으로 드나드는 곡식은 블록체인으로 빠짐없이 기록되어 백성들이 마음 놓고 이용할 수 있을 터였다.

3D 프린터로 성벽을 수리하는 공사 현장을 지나 드론은 서당에 도착했다. 공자 왈 맹자 왈 읊다 말고 하품을 쩍쩍 하던 학동들이 오늘따라 활기차 보였다. 가상현실 속에서 공자님과 맹자님을 만나 열띤 토론이라도 하는지 다들 안경을 쓴 채로 두 팔을 휘젓기도 하고, 무언가를 열심히 말하기도 했다. 그런 아이들이 기특한 세종은 조금 더 가까이 보고자 바깥으로 몸을 살짝 내밀었다.

그런데 그때였다. 세종의 앞으로 드론 한 대가 휙 하니 지나가더니 어디선가 노란 은행잎 한 장이 날아와 세종의 어깨에 내려앉았다. 그러고 보니 카메라를 단 여러 대의 드론이 한양의 하늘을 누비고 있었다. 이들은 불이 난 곳은 없는지, 사고가 난 곳은 없는지 등 백성들의 안전을 지켜보는 중이었다. 드론이 촬영하는 영상은 클라우드 서버에 빠짐없이 저장되기 때문에 금화군은 놓친 상황이 있어도 언제든 다시 살펴볼 수 있었다.

어느덧 날이 컴컴해졌고, 종로 보신각에 걸린 종이 울리기 시작했다. 28번의 종소리가 끝나면 도성의 사대문(한양 도성의 동서남북 방향에 세워진 문으로 숭례문, 숙청문, 흥인지문, 돈의문이 있다)이 닫힐 예정이었다. 아직 성 밖에 있던 백성들은 부랴부랴 안으로 들어왔고, 종소리가 그치자 동서남북으로 환하게 열려 있던 도성의 사대문이 서서히 닫히기 시작했다. 그때 자율주행 자동차 한 대가 전속력으로 숭례문을 향해 달려왔지만 간발의 차로 성안으로 들어오지 못했다. 자동차에는 고향을 다녀온 명통사의 맹인들이 있었다. 그런데 다행히도 문 앞에 선 맹인들이 차례로 얼굴을 인식시키자 인공지능이 설치된 숭례문이 문을 열어 들여보내 주었다.

어느덧 세종도 돌아가야 할 시간이었다. 궁으로 돌아가던 세종은 피곤이 몰려와 자기도 모르게 스르르 잠이 들었다.

"전하, 일어나 보시옵소서."

그 소리에 세종은 부스스 눈을 떴다. 주위를 둘러보니 어느새 침전이었다. 말싸미는 어디로 갔는지 보이지 않았고, 낮에 보았던 서책은 그대로 펼쳐져 있었다. 그리고 바깥은 여전히 환했다.

'내가 꿈을 꾸었나?' 세종은 고개를 갸웃거렸다. 하지만 꿈에서 본 풍경이 너무 생생하였다. 백성들은 새로운 과학기술로 더 안전하고 풍요로운 삶을 살고 있었다.

뛰어난 기술일수록 누군가가 욕심을 부리면 모두가 위험에 빠질 수 있다. 하지만 백성들은 혼자 잘 살기보다 다 같이 잘 사는 데 기술을 사용하여 더 나은 세상을 만들고 있었다.

한양의 하늘에서 내려다본 풍경을 다시금 떠올리던 세종의 입가에 흐뭇한 미소가 번졌고, 그 순간 세종의 어깨에서 노란 은행잎 한 장이 살랑이며 손등으로 떨어졌다.

**세종대왕이
4차 산업혁명을
만난다면**

1판 1쇄 발행 2021년 8월 24일
1판 2쇄 발행 2022년 7월 28일

지은이 고수진
그린이 김호랑
펴낸이 최준석
펴낸곳 푸른나무출판 주식회사
주소 경기도 고양시 일산서구 강선로 49, 404호
전화 031-927-9279 팩스 02-2179-8103
출판신고번호 제2019-000061호 신고일자 2004년 4월 21일
인쇄·제작 한영문화사

ISBN 978-89-92008-92-1   73550

책값은 뒤표지에 있습니다.
잘못 만들어진 책은 구입하신 서점에서 교환해드립니다.